BAJO EL PRESIDENTE SADDAM HUSSEIN,
Una de las ciudades anti-guas más legendarias del mundo ha comenzado a le-vantarse. Más que una aven-tura arqueológica, la nueva Babilonia se erige para pro-clamar la idea de que Nabu-codonosor tiene un sucesor en el señor Hussein, cuyo poderío y visión militar res-taurará a los iraquíes la glo-ria que sus antepasados co-nocieron cuando todo lo que ahora es Irak, Siria, Líbano, Jordán, Kuwait, e Israel es-taba bajo el control de Babi-lonia.

The New York Times

INTERNATIONAL

11 de octubre de 1990

IMAGINATE una noche clara de verano a lo largo de la ribera del manso río Eufrates. Miles de visitantes y dignatarios caminan a la luz de las antorchas hacía la Vía Procesional que lleva a la ciudad de Babilonia desde el norte. Ellos cubren la calle franqueada por las murallas monumentales para contemplar filas y más filas de soldados con espadas, lanzas, escudos y yelmos que marchan por la Vía Procesional hacia la Puerta de Istar. Intercalados entre las filas de soldados van grupos de músicos que tocan arpas, cornetas, y tambores; niños que llevan ramas de palmas, y hombres que corren portando incensarios humeantes. La multitud, sigue a los últimos soldados, entra por la Puerta de Istar a la ciudad de Babilonia para la ceremonia final de la noche —un tributo a Istar, la diosa patrona de Babilonia.

¿Una escena de adoración pagana en el tiempo de Daniel? *No, ¡una escena que yo presencié en septiembre de 1988 como parte del segundo Festival Internacional de Babilonia, celebrado bajo el patrocinio de Saddam Hussein!*

Publicado por
Editorial **UNILIT**
Miami, Fl. E.U.A.
Derechos reservados

Primera edición 1991

Publicado en inglés con el título de
.*The Rise os Babylon: Sign of the End Times*,
por Tyndale House Publisher, Inc.
Wheaton, Illinois.

Traducido al español por: Priscila M. Patacsil
Editado por: Moisés N. Ramos

PRODUCTO 498415
ISBN 1-56063-082-5

Printed in Colombia.
Impreso en Colombia.

BABILONIA ¡RENACE!

SEÑALES DE LOS ULTIMOS TIEMPOS

CHARLES H. DYER

EDITORIAL
UNILIT

Dedico con amor este libro
a Kathy, Ben, y Becky
—tres amores en mi vida
que creen en mis ideas,
me animan a realizar mis viajes
y me proveen de una buena razón
para siempre desear regresar a casa.

CHARLES H. DYER

CONTENIDO

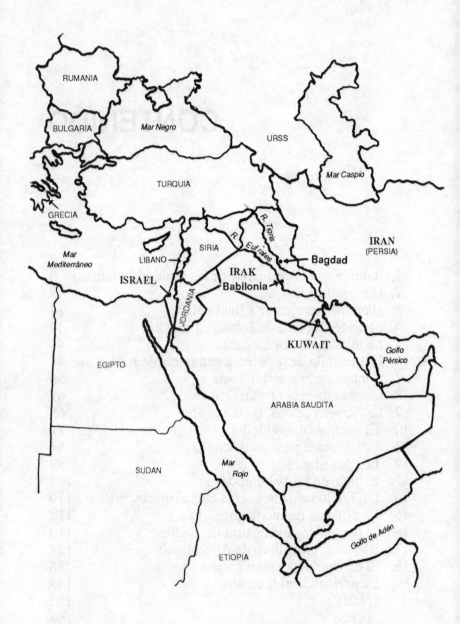

1

BABILONIA: LEVANTANDOSE DE LAS CENIZAS DEL TIEMPO

EL CALOR SECO, ABRASADOR ERA SOFOCANTE, aquel septiembre en 1987, y lo último que yo deseaba era caminar a lo largo de una senda arenosa y escalar una muralla polvorienta. Pero yo había viajado desde mi hogar en Texas hasta Babilonia, Irak, y ahora que estaba aquí, solamente una guardia armada me detendría de explorar la ciudad arruinada que siempre me había fascinado.

Finalmente estaba solo, por el momento, en una ciudad que era casi tan vieja como la civilización misma. Quizás yo estaba parado a unos cuantos pies del lugar donde Alejandro el Grande murió o donde Nabucodonosor una vez se vanaglorió de la grandeza de la ciudad que él había construido. Tal vez el joven cautivo Daniel inconscientemente pasó su mano por esta misma muralla y deseó estar de nuevo en Jerusalén. O quizás en algún lugar en la arena debajo de mis pies había un fragmento del símbolo de la rebelión del hombre contra Dios, la torre de Babel.

Tomé varias fotografías de esta desolada e improductiva sección de ruinas y entonces me deslicé de nuevo sobre la muralla para unirme al grupo oficial de extranjeros del cual yo era parte. Saddam Hussein nos había invitado a Irak a un festival cultural, para que viéramos la belleza de la nueva Babilonia que estaba levantándose de las ruinas. Como los otros visitantes, yo aplaudía y sonreía a mis anfitriones en momentos apropiados. Pero algo se

9

levantaba dentro de mi alma —un sentimiento, en parte emocionante y en parte espeluznante.

La Biblia predice la reconstrucción de Babilonia, y aquí, ante mis ojos, había otra prueba emocionante de que las profecías de la Biblia son infalibles. Pero la Biblia también revela que la Babilonia reconstruida será brutal y súbitamente destruída, con tal fuerza que ni siguiera una piedra volverá a usarse otra vez.

Miré las ruinas de Babilonia y vi ladrillos de dos mil quinientos años de edad que fueron puestos en el lugar por orden de Nabucodonosor. A través de los siglos, miles de sus ladrillos han sido sacados de los escombros y usados para construir aldeas cercanas. Hoy los reconstructores de Babilonia están poniendo ladrillos adicionales con la inscripción, "Reconstruida en la era de nuestro Presidente Saddam Hussein". Estos ladrillos, también, debieran de durar a través de los siglos. ¿Qué acción destructiva podría evitar que se volvieran a usar?

Guerra nuclear, quizás. Pero los Estados Unidos y la Unión Soviética están hablando otra vez, me recordé a mí mismo, y los superpoderes nunca han estado tan ansiosos de paz y desarme. Entonces mis ojos se posaron en un espeluznante retrato de Saddam Hussein de veinte pies, él se describe a sí mismo como el Caballero del Mundo Arabe, un hombre que muchos llaman "el carnicero de Bagdad".

¿Qué depara el futuro para Babilonia? Me pregunté. Cualquiera sean los terrores por venir, de seguro afectan al mundo entero.

Todo lo antiguo vuelve a ser noticia

"¡Extra! ¡Extra! ¡Lea esto! ¡Loco de Mesopotamia amenaza la estabilidad del Oriente Medio! ¡El mundo se precipita a la guerra!"

¿Son estos titulares del *New York Times* de hoy, o es el clamor de un profeta que vivió hace dos mil quinientos años? La historia, parece, que se está repitiendo. Las descripciones de la elevación al poder de Irak son comparables a las descripciones del levantamiento al poder de Nabucodonosor en el año 605 A. C. Una vez más los ojos del mundo se enfocan en el Oriente Medio y en la amenaza de un hombre. Otra vez el mundo está dolorosamente consciente de Babilonia.

En el centro de la presente crisis está Saddam Hussein, presidente de Irak. Bien conocido por sus atrocidades, torturas, y crueldades, parece extravagante e irrazonable a las mentes occidentales. ¿Cuáles son sus planes y ambiciones? ¿Qué relación tienen sus acciones presentes con la profecía bíblica y los planes de Dios para el mundo? ¿Está Saddam Hussein ligado al Armagedón, o es él sólo la última cuenta en el largo collar de los aspirantes a conquistar el mundo? Hussein ha desconcertado a sus propios compatriotas y a los analistas occidentales de la política extranjera.

Mientras el mundo lucha por penetrar el enigma de Saddam Hussein, nosotros podemos encontrar una clave importante dada por Dios en la Biblia. *La clave para el misterio de Saddam Hussein es Babilonia.* De Génesis a Apocalipsis, Babilonia ocupa una posición única en la Palabra de Dios. Hoy, la ciudad que una vez estuvo muerta, está siendo revivida por Saddam Hussein, que busca establecer y dirigir un poder internacional comparable a la gloria de la antigua Babilonia.

Desfile de orgullo y poder

Es una noche clara de verano en septiembre, y la luna refleja su imagen brillante en las riberas del manso río Eufrates. Miles de visitantes y dignatarios caminan a la luz de antorchas por la Vía Procesional de Babilonia y entran en la ciudad desde el norte. Instruidos para que se alinearan a lo largo de las vías paralelas a las murallas monumentales, los visitantes obedientemente siguen las órdenes. Cuando la audiencia ha ocupado su lugar, el hombre de ojos negros que está a cargo, da la señal y comienza la procesión.

Filas y filas de soldados participan en el desfile, vestidos con túnicas babilónicas llevando espadas, lanzas, y escudos. Intercalados entre las filas de soldados hay grupos de músicos que tocan arpas, cornetas, y tambores. Grupos de niños llevan ramas de palma, y hombres que corren llevan humeantes incensarios. Luego vienen soldados y más soldados en lo que parece una línea interminable de hombres y armas. Después de la procesión, los visitantes asisten a la ceremonia que rinde tributo a Istar, la diosa patrona de Babilonia.

¿Acabo de describir una escena de adoración pagana del tiempo de Daniel? Quizás, pero es exactamente lo que yo presencié cuando regresé a Babilonia en el 1988 para el segundo Festival Internacional de Babilonia, celebrado bajo el patrocinio de Saddam Hussein.

Imagínese, si quiere, a un gobernante determinado a poner su nombre en las páginas de la historia. Su meta es dominio completo de todas las naciones de alrededor, y ha organizado un gran ejército capaz de llevar a cabo sus deseos. El ejerce poder absoluto, y no vacila en ejecutar a los que muestran aun la más remota amenaza a su liderazgo. Personas han sido arrestadas y encarceladas por el simple crimen de no venerar su imagen.

Sin embargo, su poderío militar no es lo único por lo que él demanda fama. El también se ve a sí mismo como un modelo de cultura: de poetas, artistas, y arquitectos. Aun los ladrillos en Babilonia llevan su nombre como el supervisor personal de su construcción.

¿Es ésta una descripción justa de Saddam Hussein? Sí, pero también describe claramente a Nabucodonosor II, el rey babilónico cuyo imperio se extendió de mar a mar. En su día, las naciones que ahora son Irak, Arabia Saudita, Siria, Líbano, Jordania, Israel, y Kuwait todas estaban bajo el control de Babilonia. En agosto de 1990, Saddam Hussein reclamó una porción de ese primer imperio e invadió a Kuwait. ¿Podría él posiblemente esperar reclamar el reino entero de Nabucodonosor?

La Biblia predice una Babilonia revivida

▶ Porque Babilonia fue edificada en tiempo antiguo, y fue una gran ciudad, tiene que ser una gran ciudad otra vez en el tiempo de nuestro gran líder Saddam Hussein.

SHAFQA MOHAMMED JAAFAR,
Arqueólogo principal de Babilonia [1]

Babilonia será una gran ciudad otra vez. La Biblia menciona a Babilonia más de doscientas ochenta veces, y muchas de estas referencias son de la ciudad futura de Babilonia, que hoy se está levantando nuevamente desde las finas arenas del desierto. Considere las siguientes profecías bíblicas:

▷ Y Babilonia, hermosura de reinos y ornamento de la grandeza de los caldeos, será como Sodoma y Gomorra, a las que trastornó Dios.

ISAIAS 13:19

Babilonia nunca fue súbitamente derribada como Sodoma y Gomorra en su destrucción por fuego. Fue conquistada por los Medos y los Persas y cayó en decadencia, pero no fue violentamente destruida.

▷ Profecía sobre Babilonia, revelada a Isaías hijo de Amoz.... Aullad, porque cerca está el día de Jehová; vendrá como asolamiento del Todopoderoso.

ISAIAS 13:1, 6

"El día de Jehová" descrito por Isaías se refiere al tiempo del período de tribulación que está por venir. La destrucción de Babilonia, entonces, vendrá en el tiempo de la tribulación o un corto tiempo antes de la segunda venida de Cristo.

▷ Porque Jehová tendrá piedad de Jacob, y todavía escogerá a Israel, y lo hará reposar en su tierra.... y cautivarán a los que los cautivaron, y señorearán sobre los que los oprimieron. Y en el día que Jehová te dé reposo de tu trabajo y de tu temor, y de la dura servidumbre en que te hicieron servir, pronunciarás este proverbio contra el rey de Babilonia, y dirás: ¡Cómo paró el opresor, cómo acabó la ciudad de oro!... Toda la tierra está en reposo y en paz; se cantaron alabanzas.

ISAIAS 14:1-4, 7

Cuando Babilonia sea finalmente destruida, Israel al fin tendrá paz y vivirá segura. Israel ha sido nación desde el 1948, pero ni por un solo día la nación de Israel ha conocido paz o tranquilidad verdadera. Nunca ha podido poseer toda la tierra que Dios le prometió a los israelitas, y los árabes vecinos de Israel han sido un peligro y amenaza constante.

La casa construida para la iniquidad

▷ Y salió aquel ángel que hablaba conmigo [Zacarías], y me dijo: Alza ahora tus ojos, y mira qué es esto que sale.
Y dije" ¿Qué es? Y él dijo: Este es un efa que sale. Esta es la iniquidad de ellos en toda la tierra.
Y he aquí, levantaron la tapa de plomo, y una mujer estaba sentada en medio de aquel efa.
Y él dijo: Esta es la Maldad; y la echó dentro del efa, y echó la masa de plomo en la boca del efa.

14

> Alcé luego mis ojos, y miré, y he aquí dos mujeres que salían, y traían viento en sus alas, y tenían alas como de cigüeña, y alzaron el efa entre la tierra y los cielos.
>
> Dije al ángel que hablaba conmigo: ¿A dónde llevan el efa?
>
> Y él me respondió: Para que le sea edificada casa en tierra de Sinar; y cuando esté preparada la pondrán sobre su base.

ZACARIAS 5:5-11

Zacarías fue originario del exilio babilónico de los judíos en el siglo sexto antes de Cristo. Nacido en Babilonia, él regresó a Jerusalén en el año 538 A. C. Zacarías era de una familia sacerdotal, y él observó a sus compatriotas reconstruir el templo en el 536 A. C.

El trabajo en Jerusalén se estancó, sin embargo, y Dios le habló a Zacarías y a Hageo y los llamó para que llevaran su mensaje a la gente de: "¡Reconstruid el templo! Aunque este era su mensaje, Dios les dio también una vislumbre de sus planes futuros para la nación de Israel.

Zacarías tuvo la visión acerca de Babilonia el 15 de febrero del año 519 A. C. El vio un cesto de medir, con una cubierta, que se dijo contenía la "iniquidad de ellos en toda la tierra". La mujer que Zacarías vio fue la iniquidad personificada, como si todos los hechos y acciones malos cometidos a la humanidad estuvieran representados por ese personaje. La cubierta pesada de plomo era para evitar que la mujer, o iniquidad, se escapara.

Después de mostrarle a Zacarías esta escena, el ángel empujó a la mujer dentro del efa y cerró la tapa. Obviamente Zacarías no estaba implicando que Dios había quitado la iniquidad del mundo. Más bien, El la había confinado y limitado. Dios estaba limitando la iniquidad y manteniéndola bajo control para que no se esparciera por el mundo.

El efa fue llevado por dos seres angelicales al país de Babilonia. La iniquidad sería depositada en la tierra donde primero el hombre se rebeló contra Dios, donde un hombre rebelde llamado Nimrod llevó a la humanidad a construir una torre cuya cúspide llegara a Dios. Babilonia era la ciudad que había amenazado la tierra prometida de Dios y saqueado y quemado a Jerusalén.

La iniquidad, dijo el ángel, residiría otra vez en Babilonia. ¿Pero cómo? Zacarías había estado viviendo en la tierra de Babilonia cuando cayó bajo los Medos y los Persas. ¿Podría Babilonia renacer?

Sí. La visión de Zacarías muestra que la "casa" de Babilonia se levantaría otra vez "cuando esté preparada". El tiempo y lugar no ha estado preparado por miles de años, pero cuando el plan profético de Dios esté listo, Babilonia será reconstruida. La iniquidad volverá a reinar desde la llanura de Babilonia. La ciudad donde comenzó la rebelión del hombre contra Dios será el lugar donde la rebelión del hombre volverá a tener su residencia.

Cada día que pasa nos trae más cerca del fin del tiempo, y cada día los ojos del mundo se fijan con más atención en los eventos del Oriente Medio y Mesopotamia. Un elemento clave en el programa de Dios para las actividades del fin del tiempo será el restablecimiento de Babilonia como un poder mundial, cuando la iniquidad vuelve a ocupar la "ciudad del hombre".

Babilonia ha tomado su lugar en el centro del escenario del mundo, es tiempo de abrir nuestros ojos.

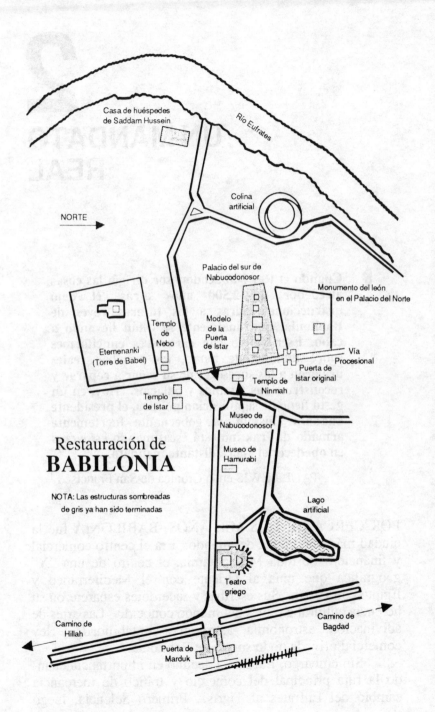

Casa de huéspedes
de Saddam Hussein

Río Eufrates

Colina
artificial

NORTE

Palacio del sur de
Nabucodonosor

Monumento del león
en el Palacio del Norte

Templo
de Nebo

Modelo
de la
Puerta
de Istar

Etemenanki
(Torre de Babel)

Vía
Procesional

Puerta de
Istar original

Templo de
Ninmah

Templo
de Istar

Museo de Nabucodonosor

Restauración de
BABILONIA

Museo de
Hamurabi

Lago
artificial

NOTA: Las estructuras sombreadas
de gris ya han sido terminadas

Teatro
griego

Camino de
Hillah

Camino de
Bagdad

Puerta de
Marduk

2

UN MANDATO REAL

▶ Cuando el Rey Nabucodonosor dirigía las cosas alrededor de 2,500 años atrás, él dejó instrucciones claras a los futuros reyes de Babilonia, que finalmente se están llevando a cabo. Escribiendo con caracteres cuneiformes sobre tablillas de barro, los escribas reales urgieron a los sucesores de su señor a reparar y reconstruir sus templos y palacios. Hoy, en un gesto lleno de significación política, el presidente Saddam Hussein, el gobernante fuertemente armado de Irak, no está escatimando esfuerzos en obedecer el ahora distante mandato.

PAUL LEWIS en la Crónica de San Francisco [1]

POR CERCA DE DOS MIL AÑOS, BABILONIA fue la ciudad más importante del mundo. Era el centro comercial y financiero de toda Mesopotamia, el centro de una "X" geográfica que unía al Oriente con el Mediterráneo y Egipto con Persia. Sus escribas y sacerdotes esparcieron su herencia cultural a través del mundo conocido. Las artes de adivinación, astronomía, astrología, contabilidad, y ley comercial privada, todo surgió de Babilonia. [2]

Sin embargo, Babilonia declinó en importancia cuando la ruta principal del comercio y tráfico de mercancía cambió del Eufrates al Tigris. Primero Seleucia, luego

Ctesifonte, y después Bagdad se levantaron para venir a ser por turno el centro de poder e influencia. Babilonia todavía estaba habitada, aunque la ciudad retenía sólo una sombra de su gloria pasada. Todavía no había caído en lo que los profetas habían predicho, pero su gloria había sido eclipsada por otras ciudades.

Para el principio del siglo veinte, mientras Babilonia se mezclaba con las cambiantes arenas del desierto, no parecía probable que jamás se levantara de los escombros que la habían enterrado por tanto tiempo.

Hace tan sólo quince años, todo lo que existía en el lugar de la antigua Babilonia eran ruinas empolvadas, o ruinas de ruinas. Las murallas de Babilonia, hechas de ladrillo, no eran tan fuertes como las estructuras de piedra que todavía se ven tan imponentes en Egipto. Apenas había una muralla intacta.

Pero a febrero de 1990, unos sesenta millones de ladrillos habían sido puestos en la reconstrucción de la legendaria ciudad de Nabucodonosor. Saddam Hussein no ha hecho caso de las objeciones de los arqueólogos que consideran un crimen edificar sobre ruinas antiguas. El ha rechazado un plan para reconstruir a Babilonia en un lugar cercano al otro lado del río Eufrates. En el sitio exacto de la antigua Babilonia, ha reconstruido el Palacio del Sur de Nabucodonosor, incluyendo la Vía Procesional, un teatro griego, muchos templos, lo que una vez fue el salón del trono de Nabucodonosor y un modelo de la Puerta de Istar con la mitad de su tamaño original.

Hussein planea reconstruir los jardines colgantes, que una vez fueron considerados como una de las siete maravillas del mundo: él ha ofrecido un millón y medio de dólares a cualquier iraquí que pueda diseñar un sistema para irrigar los jardines usando sólo la tecnología disponible en la antigua Babilonia. Tres colinas artificiales, cada una de casi cien pies de alto, han sido construidas en la llanura y sembrada de palmas y vides, y el zigurat, o "torre de Babel", es posible que otra vez se levante sobre la ciudad.

En los próximos años [el director general de antigüedades, Dr. Muayad], predice, que el gobierno también volverá a excavar e inundar el foso de la ciudad, cerrará la ciudad a todo tránsito excepto a los peatones y carruajes tirados por caballos, y tal vez reconstruya el zigurat.

AMY SCHWARTZ en el Washington Post [3]

Comienza la construcción

La restauración de Babilonia comenzó en el 1978 para salvar lo que quedaba de la ciudad, de los efectos destructivos de los depósitos locales de sal, una capa hidrostática, y del pillaje de los aldeanos del área. En parte porque la mayoría de los jóvenes iraquíes estaban fuera en la guerra con Irán, y en parte porque los obreros nativos a menudo carecen de las habilidades requeridas, Babilonia ha sido reconstruida mayormente mediante las manos de sobre mil ochocientos egipcios, sudaneses, chinos, y coreanos del sur.

Los iraquíes están determinados a lograr que la nueva Babilonia se parezca lo más posible a la antigua. Nadie está completamente seguro de cómo lucía la ciudad antigua. Los eruditos, sin embargo, están estudiando los datos arqueológicos y otra información de los escritos antiguos de los sumerios y babilonios para estar seguros de que la Babilonia restaurada sea auténtica.

Los informes del arqueólogo alemán Robert Koldewey, quien excavó extensamente en el emplazamiento de Babilonia en la primera parte de este siglo, hubieran permanecido empolvados en los estantes de las bibliotecas de no haber sido por la extraña vuelta de los eventos políticos, que hoy han dado auge a su obra. Sus mapas en blanco y negro de la antigua ciudad de Babilonia han guiado primero a los planos y luego al ladrillo y la mezcla.

Los arqueólogos alemanes que excavaron el área entre 1899 y 1912 se llevaron las mejores reliquias de la antigua Babilonia. Los ladrillos azul brillante de la puerta original de Istar, decorada con bueyes y dragones fantásticos, están ahora en el Museo Estatal de Berlín. Las grandes piedras negras de Hamurabi, donde fue escrito uno de los primeros códigos legales de la civilización que se conocen, están ahora en el Louvre en Paris. El gobierno de Hussein ha pedido que se le devuelvan los objetos originales, pero nadie que sea realista espera que sean devueltos.

Afluirán los turistas al "Mundo Babilónico"

Algunos observadores creen que Babilonia está siendo reconstruida principalmente como una atracción turística. Se ha descrito como "cierta clase de Disneylandia megalomaniática". Amy Schwartz, una editorialista del *Washington Post*, lo llama, "una de las más extrañas atracciones turísticas ... con música zangolotera,... una plétora de puestos de merendar y áreas de descanso y un 'Lago Saddam' para pescar". [4]

Hay planes para construir hoteles, parques de recreo, centros recreacionales, teatros, y templos. El hotel principal en la ciudad turística, como la supuesta ruina de la torre de Babel, se parecerá a un zigurat, una estructura semejante a una pirámide con escaleras por fuera y un santuario arriba.

Cuando yo asistí al Festival Babilónico en 1987 y 1988, visitantes de todo el mundo se reunieron allí. Había compañías de ballet de la Unión Soviética y Francia; cantantes de ópera de Italia; bailarines de danza folklórica de Grecia, Turquía, Polonia, y Yugoeslavia; artistas flamencos de España; una orquesta sinfónica de la Unión Soviética; y bailarines beduínos de Arabia Saudita. Los iraquíes aun invitaron a Madonna, que no se presentó.

"Este no es solo un festival iraquí", dijo Munir Bashir a un escritor de *Los Angeles Times*. "Es un festival para todos, porque Babilonia una vez era la capital de la civilización y le ha dado mucho al mundo. Personas de toda la tierra desean ver a Babilonia. Siempre tenemos solicitudes para visitarla". [5]

¿Perdón para Babilonia?

▶ Los iraquíes disfrutan del palacio de Nabucodonosor, yendo a Babilonia en ómnibus destartalados y en carros en su viernes feriado. "Es más hermosa que donde nosotros vivimos", dijo Sadia, una estudiante adolescente que estaba visitándola con algunas amistades. Fiestas de boda ruidosas vienen también, cada una guiada por trompeteros y tambores que compiten para producir la cacofonía más alta. [6]

Puede haber otra razón sutil, sin embargo, detrás del impulso para reconstruir a Babilonia. Michael Ross, un escritor de *Los Angeles Times*, especuló que quizás Munir Bashir tomó la tarea de organizar la música para el Festival de la Música de Babilonia para "otorgar un perdón a Babilonia de la sentencia bíblica impuesta en el libro de Apocalipsis, cuando 'un ángel poderoso' tomó una piedra y la arrojó en el mar, diciendo: Con el mismo ímpetu será derribada Babilonia, la gran ciudad, y nunca más será hallada". [7]

Pero porque la música, la construcción y las celebraciones de bodas continúan en la ciudad de Babilonia, nosotros sabemos que es demasiado pronto para conceder ese perdón: la destrucción violenta de la ciudad todavía no ha ocurrido. El pasaje en Apocalipsis 18:21-23 continúa:

▷ Y ningún artífice de oficio alguno se hallará en ti, ni ruido de molino se oirá más en ti. Luz de lámpara no alumbrará más en ti, ni voz de esposo y de esposa se oirá más en ti.

¿Por qué Saddam Hussein está reconstruyendo a Babilonia? Algunos iraquíes, notando que la reconstrucción comenzó con determinación durante los años de guerra con Irán, ven la campaña de reconstrucción de Hussein como un recuerdo vivo a su gente de la enemistad que ha existido entre ellos y los persas (que viven en el Irán de hoy) por miles de años.

El presidente ha firmado un cheque en blanco para reconstruir la antigua ciudad y revivir la forma maravillosa que tenía antes de la agresión persa que la destruyó hace más de veinte siglos.

GOBERNADOR BABILONICO
ARIF GITA SUHEIL [8]

Otros creen que su meta es restablecer a Irak como la cuna de la civilización y a los iraquíes como herederos de la gran cultura de Babilonia, Nínive, y Ur, que florecieron miles de años atrás entre los ríos Tigris y Eufrates.

Es tiempo de mirar más de cerca a las razones de Saddam Hussein para reconstruir.

3

¿POR QUE RECONSTRUIR A BABILONIA?

EN LA EDICION DEL 16 DE ENERO DE 1987, DE *Los Angeles Times*, Michael Ross escribió: "Babilonia ha asumido importancia adicional para el gobierno desde que comenzó la guerra en septiembre de l980. Con la intención de establecer un eslabón entre su conflicto presente con los persas y las batallas legendarias del pasado, el gobierno iraquí ha acelerado la reconstrucción para hacer a Babilonia un símbolo de orgullo nacional". [1]

Para apreciar la construcción actual de Babilonia, es necesario entender la historia reciente de Irak. En febrero de 1963, Irak fue estremecida por un sangriento golpe de estado. El Partido del Renacimiento Socialista Panarábico, mejor conocido como el Partido Baas, tomó el poder. Las metas del Partido Baas incluyen la unificación política de todos los árabes y la glorificación de los árabes como raza. El Partido Baass se ha opuesto, y aún se opone, a la emigración de judíos a Palestina y al establecimiento de un estado independiente judío.

Saddam Hussein, un Baasita, vino a ser presidente de Irak y presidente del Concilio Revolucionario en 1979. Desde que asumió el liderazgo, él ha llegado a ser la fuerza impulsiva para hacer de Irak un líder entre los países árabes. Su nombre significa "uno que confronta", y seis días después de asumir la presidencia, confrontó a veintidós de sus rivales en el liderazgo y los hizo ejecutar. Ahora, el era el único gobernante de IraK, pero aún no había logrado

24

su ambición final. Su meta era —y es— llegar a ser nada menos que el salvador y líder del mundo árabe.

▶ **Saddam Hussein piensa en términos de círculos ... Su círculo más inmediato es el Golfo, que permanece número uno para él. Pero más allá de éste, está el círculo del mundo árabe, donde él aspira a la hegemonía, a ser el líder único, el más importante ... El se ve a sí mismo como el heredero de Nasser en el mundo árabe.**

AMIZIA BARAM, Universidad de Haifa [2]

Primera invasión de Hussein

Un año después de asumir el poder, Husseim invadió a Irán, esperando tomar ventaja del cambio reciente de liderazgo en Irán y el caos resultante. Las razones de Hussein para invadir a Irán eran complejas, pero un problema fundamental es las tensiones raciales que han existido entre Irak e Irán por miles de años. Los dos países comparten la religión islámica, pero los iraníes no son árabes. Ellos son persas, que hablan farsi más bien que árabe, y tienen una cultura social y herencia étnica distintas. Hamurabi de Babilonia peleó contra los persas dieciocho siglos antes de Cristo. En el 539 A. C. Ciro, rey de Persia, conquistó a Babilonia.

A veces es difícil para la mente de los habitantes del hemisferio occidental comprender esto, pero la gente del Oriente Medio habla de enemistades de siglos como si fueran de ayer. La enemistad entre los iraquíes y los iraníes (persas), que ahora están en paz, podría comenzar a manifestarse enérgicamente de momento. En esa área del mundo, cualquier hostilidad latente entre varios grupos étnicos puede comenzar a arder en una guerra con sólo un soplo apasionado.

La segunda razón para la invasión de Irak a Irán fue política. Después del derrocamiento del sha de Irán, la

República Islámica de Jomeini trató de derribar al régimen baasita de Irak apoyando a los rebeldes kurdos del norte de Irak y también a los musulmanes shiitas en Irak (el gobierno del Partido Baas está dominado por musulmanes sunnitas). Los kurdos, que no son árabes, desean ser libres del dominio árabe. Hussein invadió a Irán, entonces, para vengarse por la interferencia de Irán en los asuntos de Irak.

La tercera razón para la invasión era geográfica. Sin salida al mar, Irak, que es rica en petróleo, tiene sólo veintiséis millas de costa en el Golfo Pérsico. Basora, el puerto dentro de Irak, está a cincuenta millas del Golfo Pérsico en la vía fluvial del Chat el- Arab. Esta vía navegable sirve de frontera entre Irak e Irán, y ambos países reclamam el control de sus aguas. Hussein sintió que su acceso vital al Golfo estaba amenazado por el compromiso iranio-iraquí de 1975, y él estaba convencido de que podía ganar un acceso seguro al mar.

La guerra acentúa la importancia de Babilonia

Antes de la guerra entre Irán e Irak, porciones de Babilonia se habían restaurado. Algunas áreas fueron excavadas, se construyó un museo, y un templo fue reconstruido. El área es, sin embargo, de especial interés para los arqueólogos y eruditos. Sólo después del comienzo de la guerra con Irán, la reconstrucción de Babilonia vino a tener prioridad.

En 1982, Irak publicó un folleto intitulado *Babilonia*. El mensaje principal del libro aparece en la cubierta posterior: "La supervivencia arqueológica de Babilonia es un deber patriótico, nacional, e internacional". El libro era singular porque pedía la ayuda internacional para la reconstrucción de Babilonia. Saddam Hussein deseaba reconstruir a Babilonia, pero su meta era reconstruirla sólo como un parque arqueológico cuyo énfasis sería la "preservación y restauración de los monumentos de Babilonia". [3]

Pero en algún momento entre 1982 y 1987, el propósito de Hussein de restaurar a Babilonia cambió.

Noticias macabras en el frente de batalla

Cuando Saddam Hussein invadió a Irán en 1980, él esperaba tener una victoria rápida sobre el desmoralizado ejército iraní. El ejército, que había sido leal al sha de Irán, había perdido poder ante los líderes religiosos que ahora gobernaban el país. Hussein esperaba que su ejército, el cuarto más grande del mundo, pudiera aplastar a los iraníes fácilmente. Pero estaba equivocado.

La guerra que iba a terminar en semanas, se extendió a meses y luego a años. Desde 1982 hasta 1988, la balanza se inclinó en contra de los iraquíes, que fueron echados con furia del territorio de Irán, en fieras y sangrientas batallas. Los implacables iraníes continuaron enviando olas tras olas de voluntarios de la Guardia Revolucionaria a las posiciones de Irak. La guerra llegó a un punto muerto que ninguno de los dos podía romper.

Las noticias del frente de batalla eran macabras, y el ánimo en Bagdad era sombrío. El primer brote de emoción dio lugar al temor y a la incertidumbre. La ciudad, dentro del área de alcance de los cohetes iraníes sufrió daño físico. Mas significativo fueron los daños de sufrimiento y muerte en los humanos. Durante los ocho años de guerra, un estimado de ciento treinta mil iraquíes murieron. Otros trescientos mil fueron heridos. Casi cada familia en Irak sintió el aguijón de la muerte. Día tras día llegaban taxis acribillados a balazos cargados de ataúdes cubiertos con la bandera. Así regresaban los cuerpos de los jóvenes iraquíes a los hogares de las familias que habían visto por última vez sus seres queridos al salir para la guerra.

No solo era la guerra costosa en vidas; estaba también drenando el tesoro iraquí. Antes de comenzar la guerra, la Irak rica en petróleo tenía un superávit de treinta mil millones de dólares, pero después de la guerra el país debía setenta mil millones. El costo tremendo de mantener y desplegar un ejército de un millón de hombres era asombroso. Lo peor de todo, el precio del petróleo estaba bajando en el mercado mundial, y las instalaciones de Irak para bombearlo y embarcarlo fueron destruidas por los proyectiles y bombas iraníes. La producción de petróleo de Irak bajó de cuatro y medio millones de barriles al día a una cantidad insignificante después de comenzar la guerra.

Todo presagiaba problemas para Saddam Hussein, quien sobrevivió varios atentados contra su vida. Pronto él se dio cuenta de que necesitaba alguna fuerza para galvanizar la voluntad del pueblo, o sería barrido por un mar de descontento. El necesitaba alguna manera de cristalizar la enemistad de su gente con Irán, algún símbolo de la superioridad de Irak. ¿Qué mejor manera de dramatizar la situación que llevar la atención a las ruinas de Babilonia, la ciudad que había sido conquistada por un rey persa?

▶ **La decisión del presidente Hussein de reconstruir el palacio de Nabucodonosor en el apogeo de la guerra que por poco pierde, era la pieza central de una campaña para fortalecer el nacionalismo iraquí apelando a la historia.... La campaña del señor Hussein también sirvió a fines más sutiles; justificaba la guerra costosa con Irán como la continuación de la enemistad de la antigua Mesopotamia con Persia. Y presentaba a Saddam Hussein como el sucesor de Nabucodonosor, el gobernante más poderoso de Babilonia.**

PAUL LEWIS en el "New York Times" [4]

Construcción de la nación

▶ **La historia a menudo se usa para edificar una nación en esa parte del mundo.**

PROFESOR J. C. HUREWITZ,
Universidad de Columbia [5]

La ciudad de Babilonia era una ayuda visual suprema. Vino a ser un Alamo o Masada iraquí. La decisión de

28

Saddam Hussein de reconstruir a Babilonia obligó al pueblo a recordar una gran era en la historia de Irak, un tiempo cuando habían sido derrotados por el mismo enemigo que de nuevo amenazaba a la nación.

Edificar a Babilonia vino a ser sinónimo de revivir ante la amenaza de Irán, y afirmar el "destino manifiesto" de Irak de guiar a las naciones árabes a la gloria. Ahora, en vez de sólo edificar a Babilonia como un parque arqueológico, Hussein hizo a Babilonia el punto focal del nacionalismo iraquí, que había reemplazado a la inicial meta baasita del nacionalismo árabe. Para principios de 1987, los planes estaban en camino para celebrar el primer Festival Anual de Babilonia, que incluía la exaltación de Saddam Hussein e Irak.

No fue por accidente que la apertura del festival fuera programada para el 22 de septiembre de 1987 —cuando se cumplían siete años de la invasión de Irak a Irán. [6]

El hijo de Nabucodonosor

▶ **Es una tradición en Mesopotamia que siempre que un gobernante nuevo se levantaba, reconstruíamos todas las ciudades importantes de Mesopotamia.**

DR. MUAYAD SAID,
Director general de Antigüedades de Irak [7]

Por reconstruir la ciudad de Nabucodonosor, Hussein tiene una oportunidad natural para presentarse a sí mismo como el sucesor de Nabucodonosor. Los gobernantes de Siria, Jordania, Israel y Arabia Saudita se ponen nerviosos cuando Hussein exalta el reino y liderazgo de Nabucodonosor, porque el antiguo rey gobernó las tierras de todo el mundo árabe. [8]

Cuando asistí al Festival de Babilonia como un participante invitado, no pude menos que notar el énfasis en

Saddam Hussein y la comparación entre Hussein y Nabucodonosor. El sello oficial del festival mostraba a los dos gobernantes uno al lado del otro, destacando su semejanza física. El lema del festival oficial era revelador: "De Nabucodonosor a Saddam Hussein, Babilonia experimenta un renacimiento".

La noche de la apertura del festival, el señor Latif Nsayyif Jassim, ministro de información y cultura, nos habló. Su discurso, que enfocaba el conflicto político-histórico entre Irak y sus enemigos, apareció en el periódico al día siguiente:

▶ **La mentalidad persa [iraní] en nuestro vecindario, incitada por un odio profundamente arraigado y agresivo, trató de apagar la llama de la civilización en esta ciudad de Babilonia. De aquí que la ciudad cayó bajo el ataque del gobernante persa Kurash [Ciro] quien, hace 2,500 años, puso sitio a este pueblo. El sitio duró mucho y el pueblo permaneció fuerte. No fue hasta que Ciro tuvo la colaboración de los judíos dentro de la ciudad, que él pudo apretar el sitio alrededor de la ciudad y subsecuentemente ocuparla.... Hoy estamos viviendo en medio de la agresión de Jomeini, que se ha extendido por un período de siete años, durante los cuales Jomeini se ha aliado con los sionistas en un intento de entrar en Bagdad y otras ciudades iraquíes y destruirlas como sucedió con Babilonia.... Ella [Babilonia reconstruida] servirá como un ejemplo vivo de la grandeza de los iraquíes para avanzar en su camino hacía más glorias.**

El ministro iraquí de información y cultura [9]

Otro antiguo enemigo se levanta

Irán no fue el único país enemigo en confrontar a Hussein a principios de la década de 1980. El 7 de junio de 1981, los aviones de Israel hicieron un osado ataque por sorpresa al reactor nuclear de Osirak, cerca de Bagdad, destruyendo el intento iraquí de desarrollar armas nucleares. El ataque humilló y enfureció a Hussein. Irak siempre se ha opuesto al estado de Israel, enviando tropas para pelear en cada una de las guerras entre árabes y judíos. Ahora los israelitas han dado un golpe muy cerca de Bagdad y destruido una planta estratégica. Hussein había viajado personalmente a Francia para conseguirla.

El odio de Irak hacia Israel también jugó un papel prominente en la decisión de Hussein de reconstruir a Babilonia. Saddam siempre ha sido uno de los enemigos más recalcitrantes de Israel, y él sabía que un clamor unido de los árabes era *El-Kuds* —¡Jerusalén! El buscó una causa común que pudiera unir a todos los árabes, y la encontró en la "liberación" de Palestina del dominio de Israel.

(Todos, esto es, excepto Egipto. Cuando el Acuerdo de Camp David fue firmado en 1978, Irak dirigió a las otras naciones árabes a condenar a Egipto. En la reunión cumbre de Bagdad las naciones árabes siguieron la dirección de Irak y rompieron sus lazos diplomáticos con Egipto debido a su tratado de paz con Israel. Esos lazos no fueron restaurados hasta 1983).

De nuevo, Babilonia y Nabucodonosor jugaron un papel central el plan de Hussein, ahora uniendo a los árabes contra Israel. El programa oficial del Festival de Babilonia en 1987 presentaba a sus participantes una declaración de apertura de Saddam Hussein:

> Los políticos antiguos siempre han pasado por alto la importancia de Babilonia cuando crearon barreras psicológicas y científicas entre los iraquíes y sus líderes en la antigüedad. Nadie ha mencionado los logros de "Hamurabi", el fundador del primer código de leyes organizado en la historia humana. O "Nabucodonosor", el héroe nacional que fue capaz de derrotar a los enemigos de la nación en la tierra de "Kennan" [Canaán] y llevarlos como prisioneros de guerra

a Babilonia. Lo que necesitamos ahora es aumentar la conciencia en este respecto.

SADDAM HUSSEIN [10]

Nabucodonosor fue el único gobernante árabe capaz de dirigir a los ejércitos árabes contra los israelitas y derrotarlos en batalla. Nabucodonosor tomó de los israelitas la tierra de Palestina. Por la reconstrucción de Babilonia, Saddam Hussein se estaba haciendo a sí mismo el nuevo Nabucodonosor, quien también esperaba dirigir los ejércitos árabes en victoria sobre Israel.

Murales con escenas pintorescas aparecen en la muralla del patio de afuera de la corte del museo de Nabucodonosor en Babilonia. Una de ellas presenta a Nabucodonosor supervisando la construcción del templo, otra lo muestra mirando la ciudad que él había edificado, una tercera escena lo expone dirigiendo a su ejército en batalla contra una ciudad.

En cada cuadro, escogido cuidadosamente, hay una comparación con Saddam Hussein. Saddam ha reconstruido el templo que originalmente construyó Nabucodonosor. El está reconstruyendo la ciudad de Babilonia. Pero aún él tiene que dirigir su ejército en batalla contra una ciudad. Lo que es extraordinario acerca de la ciudad que se ve en el mural es que es una ciudad amurallada en una región montañosa rodeada por un valle prominente —claramente, Jerusalén. ¡Saddam Hussein desea igualar a Nabucodonosor por guiar a su ejército contra los judíos de Jerusalén!

 Cuando a la señora Jaafar, la arqueóloga, se le preguntó si los iraquíes consideraban al señor Hussein como "el nuevo Nabucodonosor", ella se río y contestó, "¡Sí, por supuesto!" Entre árabes, el rey Nabucodonosor es recordado, más que nada, por el hecho de que tres veces conquistó a Jerusalén, y llevó decenas de miles de judíos a Babilonia.

JOHN BURNS
"New York Times Internacional [11]

Babilonia, entonces, ha venido a ser mucho más que un proyecto arqueológico. Es un símbolo de la grandeza de los iraquíes. Representa las metas y sueños de los iraquíes de ser la luz que guía y la fuerza dominante en todos los países árabes. El nuevo imperio Babilónico-Iraquí aspira a lograr respeto y honor mundial otra vez para los árabes y vengar las décadas de humillación y derrota a manos de los israelitas.

Hussein es el líder que cuidadosamente ha maquinado esta meta, pero él no está solo en esta visión. El ha articulado el deseo de los árabes en general y de los iraquíes en particular. Babilonia y el imperio de Nabucodonosor hacen surgir como por arte de magia la unidad y la grandeza árabe que ha inspirado a muchos aspirantes a conquistar a través de los siglos.

4

EL ORIGEN REBELDE DE BABILONIA

BABILONIA HA SIDO, EN DIFERENTES TIEMPOS DE la historia, una luz brillante que muestra lo mejor que la humanidad ha podido ofrecer. Durante sus días de gloria, le dio al mundo un código de leyes, edificios magníficos, y los jardines colgantes, una de las siete maravillas del mundo antiguo. Babilonia se vanaglorió de muchos grandes guerreros, y su rey mejor conocido, Nabucodonosor, fácilmente conquistaba a las naciones a su paso por la región.

Babilonia tuvo un comienzo de orgullo. El huerto del Edén estaba localizado cerca del río Eufrates, y la primera civilización se extendió desde esa región. En los días que siguieron al diluvio, Dios le dio a Noé y a sus hijos instrucciones específicas para poblar nuevamente la tierra.

> Fructificad y multiplicaos, y llenad la tierra.... Mas vosotros fructificad y multiplicaos; procread abundantemente la tierra, y multiplicaos en ella.
>
> GENESIS 9:1, 7

El mandamiento que dio Dios a Noé nos recuerda de sus primeras palabras a Adán y Eva: "Fructificad y multiplicaos; llenad la tierra, y sojuzgadla" (Génesis 1:28). La misericordiosa protección de Dios para con Noé y su familia en el arca les permitió llegar a ser los nuevos Adán y Eva del mundo posdiluviano. A ellos se les dio otra oportunidad de vivir de acuerdo a la voluntad de Dios, de extenderse a través del mundo entero y formar familias que vivieran en obediencia a Dios.

Desafortunadamente, el problema de la humanidad no está centralizado en el ambiente o las circunstancias —el problema es nuestro corazón pecaminoso y rebelde. Apenas se había abierto la puerta del arca en el Monte Ararat cuando surgió la próxima crisis entre Dios y la creación. Génesis 9 nos da el relato de la embriaguez de Noé y del comportamiento inapropiado e irrespetuoso de su hijo Cam. El mundo otra vez comenzó a descender por la cuesta resbaladiza de la rebelión contra Dios.

Nimrod: Padre fundador de Babilonia

Las imperfecciones del carácter, evidentes en el hijo más joven de Noé, Cam, se desarrollaron y se expandieron en los hijos de Cam. [1] Algunas de las naciones y pueblos que procedieron del linaje de Cam, incluían a Egipto, los babilonios, los asirios, los filisteos y los varios grupos de cananeos. Prácticamente todos los enemigos principales de Israel en la historia bíblica vinieron del linaje de Cam.

Génesis 10 tiene una lista de los descendientes de Cam, y en el centro de esta lista, está el nombre de Nimrod.

> Y Cus engendró a Nimrod, quien llegó a ser el primer poderoso en la tierra. Este fue vigoroso cazador delante de Jehová.... Y fue el comienzo de su reino Babel (Babilonia).
>
> GENESIS 10:8-10

El nombre *Nimrod* pudo venir del nombre babilónico de *Namra-uddu,* una forma del nombre de Marduk, el dios principal de Babilonia. O pudo venir del nombre babilónico de *Nu-marad, "hombre de Marad"*. [2] Es muy probable que Moisés usó un juego en las palabras deletreando el nombre de Nimrod en el relato del Génesis, para que se oyera como una palabra hebrea para "rebelde" (*marad*). Nimrod era un rebelde, y las ciudades que él fundó eran rebeldes.

Moisés describió a Nimrod como un "vigoroso cazador". En aquel tiempo los reyes tradicionalmente demostraban el derecho de gobernar al pueblo desplegando destreza sobre el reino animal, tal como se admira y se respeta a los atletas hoy. Las habilidades de Nimrod como cazador y sus habilidades físicas, más su posición en la sociedad, lo elevaron a una posición de liderazgo.

Las destrezas poderosas de Nimrod fueron conocidas de una manera especial por Dios. Yo creo que H. L. Ellison captó la idea cuando escribió que Nimrod "mostró su derecho a gobernar sobre el reino que él había creado por la fuerza, matando la creación animal que Dios le había confiado". [3] Nimrod dirigió sus habilidades dadas por Dios y sus habilidades naturales hacia la conquista y subyugación y esto fue el comienzo de Babilonia.

Babel: La torre del problema del hombre

Babilonia fue una ciudad concebida en rebelión. Nimrod fue el arquitecto de la unión del hombre contra Dios, y Génesis 11:1-9 relata las consecuencias catastróficas de sus acciones. Dios mandó a Noé y a sus hijos al salir del arca: "Llenad la tierra y sojuzgadla". Pero lo que Dios determinó para bien, la gente lo percibió como una amenaza. Ellos tenían temor de separarse, temor de ir a nuevas tierras, temor de depender del poder de Dios en vez del de ellos mismos.

Aunque el nombre de Nimrod no se usa en Génesis 11, el capítulo 10 nos informa que él era el principal líder en el movimiento para edificar un centro en Babilonia. Moisés describe el establecimiento inicial "en la tierra de

Sinar", el ancho valle de los ríos Tigris y Eufrates al sur de Bagdad.

El área es llana y aluvial. Los ríos Tigris y Eufrates corren hacía el Golfo Pérsico, supliendo agua para beber y para irrigar la tierra, la cual de otra manera sería un desierto árido. Estos dos ríos proveen vida, y por el uso de canales de irrigación, las civilizaciones han florecido en la región de Mesopotamia por siglos.

No hay montañas en la llanura de Sinar y, por lo mismo tampoco hay piedras para materiales de construcción. Pero lo que a la tierra le falta en rocas, lo ofrece en petróleo. El petróleo que hoy fortalece a gran parte del mundo, se usó también en días de Nimrod.

> Y se dijeron unos a otros: Vamos, hagamos ladrillo y cozámoslo con fuego. Y le sirvió el ladrillo en lugar de piedra, y el asfalto en lugar de mezcla. Y dijeron: Vamos, y edifiquémonos una ciudad y una torre, cuya cúspide llegue al cielo; y hagámonos un nombre, por si fuéremos esparcidos sobre la faz de toda la tierra ".

GENESIS 11:3-4

Por la falta de piedras para edificar, ellos cocieron ladrillos. En lugar de piedras, usaron asfalto. William White, describiendo la ciudad arqueológicamente, notó que "ladrillo y construcciones de paredes de barro se veían dondequiera". [4]

La gente todavía usa ladrillos para construir en esa región, y a menudo los ladrillos se secan al sol. Pero para construcciones permanentes, la gente usa ladrillos cocidos al fuego para más fuerza. Los constructores de Babel usaron ladrillos cocidos al fuego, porque querían que su proyecto fuera duradero.

La meta de su esfuerzo había de ser una ciudad con una torre, o zigurat, que llegara al cielo. El propósito de la torre en Babilonia, como también la de los zigurats más tarde, era para que sirvieran como una "escalera" de la tierra al cielo. Los seres humanos querían alcanzar a Dios por sus propios esfuerzos.

Moisés describió la torre como "una torre cuya cúspide llegue al cielo" (Génesis 11:4). Este puede haber sido el nombre de la torre y también una descripción exacta de la misma. El zigurat construido más tarde por Nabucodonosor en Babilonia se llamaba *Etemenanki* ("el edificio que es el fundamento del cielo y de la tierra"). [5]

Para la gloria y honra del hombre

La gente quería hacerse de un nombre para sí mismos. Habiendo rechazado la voluntad de Dios, estos descendientes de Noé decidieron construir un monumento a su propia grandeza y gloria. No se daban cuenta de que un nombre verdaderamente grande viene sólo de Dios, y que los Nimrods de este mundo son fácilmente reemplazados por hombres como Abraham, a quien Dios dijo: "Engrandeceré tu nombre" (Génesis 12:2).

La gente comenzó a construir. Ellos se congregaron en la primera ciudad mencionada en la Biblia, bajo un líder rebelde, con el fin de trabajar juntos para su propia gloria y honra. Entonces escribe Moisés: Dios "descendió" para ver esta torre que los hombres intentaban que llegara "al cielo". No importa cuán alta la edificaron, Dios estaba todavía fuera de su alcance.

La preocupación de Dios no era porque el edificio fuera demasiado alto, sino más bien porque la humanidad se había unido en oposición a El (Génesis 11:5). "Si son capaces de hacer esto cuando sólo han comenzado a hacer uso de la unidad de idioma y política que tienen, qué no harán después. ¡Nada les será imposible!" (Génesis 11:5 BD). Obviamente, Dios no tiene que preocuparse de que la humanidad llegue a ser demasiado para que El pueda manejarla. Su poder y majestad sobrepasa cualquier cosa que la gente posea.

Gerhard von Rad da una explicación lógica de la preocupación de Dios: "Los ojos de Dios ya ven el fin del camino que la humanidad ha tomado con esta acción, las posibilidades y tentaciones que tal acumulación de fuerza tiene.... Por lo tanto, Dios opta por una acción punitiva pero que al mismo tiempo es preventiva, de manera que El no tenga que castigar al hombre más severamente mientras su degeneración ciertamente progresa". [6]

La unión de Nimrod y sus seguidores incluyó a toda la humanidad en el propósito de excluir a Dios. Si su plan hubiera triunfado, el mundo hubiera estado otra vez como antes del diluvio, cuando "todo designio de los pensamientos del corazón de ellos era de continuo solamente el mal" (Génesis 6:5).

Por lo tanto, "confundió Jehová el lenguaje de toda la tierra" (Génesis 11:9). El tejió la tela de la sociedad que el hombre estaba tratando de tejer. Los edificadores trataron de construir un medio de acceso a Dios, pero Dios tornó su esfuerzo en confusión.

Antes de la confusión en Babel, el mundo tenía un idioma y un habla común. Pero después del juicio de Dios, la gente se esparció por todo el mundo, frustrados en su intento de hacerse "un nombre", víctimas del mismo destino que habían temido y tratado de evitar. Su plan fue suplantado por el plan de Dios para la redención humana mediante la simiente de Abraham, el hombre al que Dios decidió engrandecer.

Babel fue el primer intento unido de la humanidad para interrumpir el propósito de Dios. Esta ciudad posdiluviana fue planeada expresamente con el fin de coartar el plan de Dios para la humanidad. La gente deseaba unidad y poder, y Babel había de ser el asiento de ese poder. Babilonia, la ciudad del hombre en su intento de levantarse hasta el cielo, fue construida en oposición directa al plan de Dios.

▷   **Y dijeron: Vamos, edifiquémonos una ciudad y una torre, cuya cúspide llegue al cielo "**

GENESIS 11:4

> Y yo vi la santa ciudad, la nueva Jerusalén, descender del cielo, de Dios, dispuesta como una esposa ataviada para su marido.

APOCALIPSIS 21:2

Tremendo contraste, ¿no?

5

LA HISTORIA DE DOS CIUDADES

▶ Era el mejor de los tiempos, era el peor de los tiempos, era la edad de la sabiduría, era la edad de la necedad, era la época de la creencia, era la época de la incredulidad, era el tiempo de la luz, era el tiempo de las tinieblas, era la primavera de la esperanza, era el invierno de la desesperación, teníamos todo delante de nosotros, no teníamos nada delante de nosotros, todos íbamos directo al cielo, todos íbamos directo al otro lado.

CHARLES DICKENS,
Una historia de dos ciudades [1]

DICKENS ESCRIBIQ ESE PARRAFO INMORTAL para describir el mundo de dos ciudades, Londres y París, durante la Revolución Francesa. Pero sus palabras describen muy bien la situación de dos ciudades contemporáneas y futuras, Jerusalén y Babilonia. En el conflicto entre Dios y Satanás, el bien y el mal, la justicia y la rebelión, Jerusalén y Babilonia son como los polos opuestos del imán.

Jerusalén representa el polo positivo del plan de Dios para Su creación. Es la ciudad seleccionada por Dios como su lugar de habitación, la capital del reino de Dios en la tierra, la ciudad donde el Hijo de Dios murió por los pecados del mundo.

Babilonia representa el polo negativo del intento del hombre de usurpar la autoridad de Dios. Es la ciudad seleccionada por el hombre, la ciudad donde la humanidad levantó su torre en desafío a Dios, la ciudad que inició "los tiempos de los gentiles".

Y, sin embargo, igual que los polos del imán, estas dos ciudades se han atraído la una a la otra a través de toda la historia. Es imposible entender completamente la historia de la una sin entender su relación con la otra.

La ciudad de Dios y la ciudad del hombre

El conflicto entre estas dos ciudades a menudo se ha espiritualizado. Agustín, por ejemplo, espiritualizó el conflicto entre estas dos fuerzas cuando él describió la "Ciudad de Dios" y la "Ciudad del Hombre".[2] Pero la historia de las dos ciudades mencionadas en la Biblia contemplan lo físico, entidades de ladrillos y mezcla, no ideas simbólicas. La Babilonia descrita en Apocalipsis no es meramente una idea, una religión, o un sistema económico. Es, por encima de todo, una ciudad física.

La Ciudad del Hombre está edificada sobre el principio de la independencia de Dios. Al construir la torre de Babel, los seres humanos primero trataron de alcanzar el cielo por sí mismos, sin la ayuda de Dios. Pero su construcción de la "torre cuya cúspide llegue al cielo" fue detenida cuando Dios confundió su idioma y los obligó a esparcirse por toda la tierra. Sin embargo, Babilonia había de regresar, una y otra vez, porque el corazón humano está buscando constantemente su propia gloria. Sólo en los últimos días será derribada para siempre.

La ciudad de Dios, en contraste, está edificada sobre el principio de la dependencia de Dios y obediencia a Su voluntad. En Génesis 14 Moisés presenta a Jerusalén ("Salem") como parte de la historia de Abram. Abram (más tarde llamado Abraham) obedeció a Dios, y Dios prometió engrandecer su nombre. Jerusalén habría de florecer mientras los descendientes de Abraham dieran gloria a Dios. Aunque caería y se levantaría de nuevo, en los últimos días sería establecida como la ciudad de Dios para siempre.

Un tiempo de prueba

Abram obedeció el llamado de Dios y llevó a su familia a la tierra que Dios le mostró, Canaán. Era una tierra de la promesa, pero era también una tierra de prueba. [3] Abram luchó para confiar en Dios frente al hambre, luchas familiares, e invasión extranjera.

Génesis 14 describe un ataque realizado por una alianza de cuatro reyes del este contra cinco reyes que residían en la tierra prometida. Esta fue la amenaza inicial gentil contra la tierra prometida de Dios, y Dios le dio a Abram la victoria sobre los invasores. Por primera vez leemos acerca de Salem, la cual, bajo su nombre posterior de Jerusalén, vino a ser la ciudad escogida por Dios como su lugar de habitación entre los pueblos.

Los cuatro reyes que atacaron a la tierra de Abram fueron Amrafel, rey de Sinar (Babilonia); Arioc, rey de Elasar (Una ciudad antigua como a diez millas al norte de Ur); Quedorlaomer, rey de Elam (Persia o la moderna Irán); y Tidal, rey de Goim (que probablemente gobernó sobre un grupo de tribus). Los cuatro reyes agresores eran de la región ubicada al sur de Mesopotamia.

Estos cuatro reyes del este marcharon contra cinco reyes de la llanura y los derrotaron. Es posible que hubiera algunos en el campamento de Abram que se preguntaran si mudarse a la tierra de Canaán había sido una buena idea. ¿Cómo puede una tierra llamarse "prometida" si reyes extranjeros invasores podían derrotar a cada rey y ciudad que encontraran a su paso?

Pero Dios le había dado a Abram una promesa:

▷ Y haré de ti una nación grande, y te
bendeciré, y engrandeceré tu nombre, y serás
bendición. Bendeciré a los que te bendijeren, y
a los que te maldijeren maldeciré; y serán
benditas en ti todas las familias de la tierra.

GENESIS 12:2-3

Aquí estaba la primera gran prueba de la promesa de Dios y
la fe de Abram. La situación parece desesperada, pero
cuando los cuatro reyes salieron llevándose los despojos de
la conquista hacia Mesopotamia, Abram, confiando en la
promesa de Dios, los persiguió y los derrotó. Melquisedec,
rey de Salem, proclamó la fuente de la victoria de Abram:

▷ Bendito sea Abram del Dios Altísimo,
creador de los cielos y de la tierra.

MELQUISEDEC, Rey de Salem
(Génesis 14:19)

Esta es la actitud que caracteriza a la Ciudad de Dios.

Invasores desde Sinar

Es interesante que el relato bíblico de esta invasión pone un
gran énfasis en Amrafel, rey de Sinar. El encabeza la lista
de los reyes agresores, lo cual implica que él era el rey que
gobernaba al grupo. Babilonia, sin embargo, no era la
ciudad más grande en la región de Mesopotamia en ese
tiempo. Elam era la más fuerte y la más dominante. En
otro lugar (Génesis 14:5), Quedorlaomer, rey de Elam, está
en la lista como el líder de los invasores aliados.

¿Por qué, entonces, Moisés pone a Amrafel primero
en Génesis 14:1? Yo creo que no es mera coincidencia.
Moisés sitúa a Amrafel primero porque él era de Sinar, o

Babilonia, la tierra donde primero la humanidad se unió para oponerse a los planes de Dios. Una vez más, los hombres de Sinar se habían unido para oponerse al propósito de Dios con la tierra de Israel.

Dios había esparcido a la humanidad en la torre de Babel confundiendo su lengua y obligando así a la gente a dividirse en distintos grupos étnicos. En Génesis 14, vemos la repetición de la historia antigua. Diferentes grupos sociales y étnicos están tratando de unirse para amenazar la tierra que Dios le ha prometido a Abram y a su simiente. De nuevo, dirigiendo a los rebeldes, está la ciudad de Sinar —¡Babilonia!

Después de relatar las batallas en Génesis 14, Moisés describe la reunión de Abram con el impío rey de Sodoma y el rey justo de Salem. Del rey justo de Salem, Abram recibe pan y bendición. Sin embargo Abram rehúsa aceptar nada del rey impío de Sodoma. El rey sacerdote de Salem invoca el nombre del "Dios Altísimo, creador del cielo y de la tierra" para bendecir a Abram (v. 19), y Abram invoca el nombre del "Dios Altísimo, creador del cielo y de la tierra" para rehusar cualquier cosa del rey de Sodoma (v. 22)

El establecimiento de la ciudad de Dios

¿Quién era Melquisedec, rey de Salem? Varios indicios nos muestran que él era el rey de la ciudad que más tarde se llamó Jerusalén. Primero, el nombre "Salem" viene de la palabra hebrea "shalom", o paz. Salem es sinónimo de Sion, donde está el lugar de la habitación de Dios, el templo.

> Dios es conocido en Judá; en Israel es grande su nombre. En Salem está su tabernáculo, y su habitación en Sion.
>
> SALMO 76:1-2

La segunda razón para identificar a Salem con la ciudad de Jerusalén es el lugar geográfico específico asociado con ambas ciudades. Cuando Abram llegó a Salem, él se reunió con Melquisedec en el valle de Save, que es el Valle del Rey. En otro lugar, el Valle del Rey se identifica con el valle cerca de Jerusalén donde Absalón erigió una columna como monumento en su propio honor (2 Samuel 18:18). Algunos creen que éste es el valle de Cedrón, que se halla justamente al este de Jerusalén.

La tercera razón para identificar a Salem con Jerusalén es la similitud en los nombres de los reyes de cada ciudad. El nombre "Melquisedec" viene de dos palabras hebreas, "melec" (rey) y "sedec" (justicia). El nombre se podría traducir "mi rey es justicia" o, "el rey de justicia".

Quinientos años más tarde, en el libro de Josué, se nos presenta al rey de Jerusalén, Adonisedec. En español los nombres "Melquisedec" y "Adonisedec" no se asemejan del todo, pero en hebreo son muy similares. El nombre de Adonisedec se pueden traducir "mi señor es justicia". Con una ligera variación, todavía es el nombre regio que se da al rey de Jerusalén.

Un cuadro de las bendiciones venideras

¿Quién era Melquisedec? El fue en realidad el rey de Jerusalén que vino a bendecir a Abram después de su derrota de los cuatro reyes invasores del este. Pero Melquisedec es también un tipo del último rey-sacerdote de Jerusalén que gobernará en justicia —Jesucristo. El Salmo 110, un salmo acerca del Mesías, presenta al Mesías venidero, a la vez, como un rey victorioso y como "un sacerdote para siempre, según el orden de Melquisedec". El escritor de Hebreos toma el simbolismo del Salmo 110 para mostrar que Melquisedec era un verdadero símbolo de Cristo como el eterno sumo sacerdote. [4] Aunque Abram pasó su vida esperando "la ciudad que tiene fundamentos, cuyo arquitecto y constructor es Dios" (Hebreos 11:10), él tuvo una vislumbre de la gran ciudad, cuando se encontró con Melquisedec.

Este capítulo de la "historia de las dos ciudades" de Dios, por tanto, comienza con la historia de la alianza corrupta de los reyes del este que marcharon contra Abram y su gente en la tierra que Dios les había prometido. Sinar, donde primero el hombre se organizó en rebelión contra Dios, dirigió al grupo de naciones opuestas al plan de Dios para Abram. La amenaza a las bendiciones prometidas por Dios, de nuevo se originó en Babilonia.

Babilonia y Jerusalén —una es una ciudad de rebelión y agitación de guerra, la otra una ciudad de paz. Una trata de atacar, saquear, y despojar a la tierra de la promesa, la otra tiene comunión con el hombre de la promesa. Una es derrotada por Abram la otra recibe los diezmos de Abram. Una es la ciudad del hombre, la otra es la ciudad de Dios.

6

LA PESADILLA DE LA POLITICA EXTRANJERA DE JUDA

DESPUES DE LA DERROTA DE AMRAFEL y sus aliados efectuada por Abram, Babilonia salió del escenario de la historia bíblica por más de mil trecientos años. La Biblia no relata la historia babilónica, porque está no tenía relación con la historia de Israel. Lo que la Biblia dice de historia enfoca estrechamente a Abram, ahora llamado Abraham, su familia, y la nación de Israel. Sin embargo, Babilonia estaba ocupada ganándose su lugar en los libros de historia.

De 1900 al 1600 A. C., Babilonia entró en su primer período de importancia internacional con la primera dinastía babilónica. La edad de oro de este período fue el reinado de Hamurabi, quien codificó las leyes de Babilonia y extendió el imperio. Durante su reinado, 1792-1750 A. C., la nación de Israel estaba viviendo en Egipto.

El telón bíblico no se levanta de nuevo en Babilonia hasta el tiempo de la división de la monarquía de Israel. El reino del norte, Israel, había sido tomado y llevado cautivo por los asirios. Sólo el reino del sur, Judá, quedaba como el hogar del pueblo de Dios. La relación de Judá con Babilonia era muy compleja. La historia no está toda en los libros históricos de la Biblia. Sino que también se puede hallar esparcida a través de las páginas de Isaías, Jeremías, Ezequiel, y Daniel.

La influencia de Babilonia se halla entretejida en la narración bíblica.

GERALD LARUE [1]

Babilonia no entró en contacto con los descendientes de Abraham de manera significativa hasta el tiempo del rey Ezequías. Pero desde el tiempo de Ezequías hasta el tiempo de la cautividad babilónica, se puede observar cierta relación entre Jerusalén y Babilonia. Por un tiempo, hubo una *era* de cooperación al unirse los dos países contra un enemigo común. Después vino una *época* de confrontación cuando las dos naciones peleaban entre sí por la autonomía nacional.

La era de cooperación

Desde el 715 hasta el 601 A. C. No hubo hostilidad entre Judá y Babilonia. En realidad, en varias ocasiones las dos naciones actuaron en armonía contra Asiria, que era entonces el poder dominante en el Oriente Medio. Muchos países, incluyendo a Babilonia y Judá, lucharon contra la dominación asiria e intentaron liberarse de su yugo de servidumbre. Mientras Babilonia constantemente hostigaba las fronteras orientales de Asiria en el este, Egipto continuamente creaba problemas en el oeste.

Asiria era una nación cruel cuyos reyes empleaban medios muy severos para adquirir y mantener su imperio. "En general el imperio asirio era una máquina militar inmensa, que existía por la guerra y para la guerra, posiblemente porque los asirios se sentían amenazados y no veían ninguna otra manera de gobernar sino por la fuerza.... Los reyes se vanagloriaban de la manera que mutilaban, desollaban vivos, atravesaban a espada, y asaban vivos a los cautivos".[2]

La historia a menudo ha mostrado que la mejor manera de unir a dos países hostiles es poner a ambos en contra de un enemigo común. La máquina de guerra de hambre de Asiria dejó un espíritu de cooperación entre Ezequías, rey de Judá, y Merodac-baladán, rey de Babilonia.

Una visita a un enfermo

▷ En aquel tiempo Merodac-baladán hijo de Baladán, rey de Babilonia, envió mensajeros con cartas y presentes a Ezequías, porque había oído que Ezequías había caído enfermo. Y Ezequías los oyó, y les mostró toda la casa de sus tesoros, plata, oro, y especias, y ungüentos preciosos, y la casa de sus armas, y todo lo que había en sus tesoros; ninguna cosa quedó que Ezequías no les mostrase, así en su casa como en todos sus dominios.

2 REYES 20:12-13 [3]

Merodac-baladán era un jefe de tribu del sur de Babilonia el cual se apoderó del trono de Babilonia en 721 A. C. en la confusión que siguió a la muerte de Salmanaser V, el rey de Asiria. Merodac-baladán reinó de 721 al 710 A. C., y por un período corto de 704 a 703 A. C. Cuando él no estaba en el trono, estaba maquinando su regreso al poder o combatiendo a los asirios.

Merodac-baladán fue a visitar a Ezequías, rey de Judá, con el pretexto de saber de su salud. Ezequías había enfrentado dos calamidades en el pasado reciente: había estado seriamente enfermo, y había sido atacado por Senaquerib, rey de Asiria.

Senaquerib había guiado su ejército en 703 contra Babilonia y Merodac-baladán. El rey asirio tomó la ciudad, y Merodac-baladán huyó con su esposa.

▶ En mi primera campaña logré la derrota de Merodac-baladán, rey de Babilonia, y el ejército de Elam, su aliado, en la llanura de Kis. En medio de aquella batalla, dejó su campamento, y se escapó solo; él salvó su vida. Las carrozas, caballos, carretas, mulas, que abandonó al comienzo de la batalla, yo los tomé. En su palacio, que está en Babilonia, entré gozosamente.

SENAQUERIB, rey de Asiria [4]

Senaquerib entonces marchó al oeste, y de manera sistemática se movió a través de Judá, y destruyendo a cualquiera que se atreviera a oponérsele. Su ejército conquistó las ciudades rebeldes de los filisteos, derrotó un ejército Egipcio que había sido enviado a ayudar a los rebeldes, y capturó varias ciudades importantes de Judá al pie de las montañas. El se vanaglorió de sus logros contra Israel.

 Pero de Ezequías, el judío, que no se humilló sometiéndose bajo mi yugo; a cuarenta y seis de sus ciudades fuertes amuralladas e innumerables aldeas pequeñas en los alrededores de éstas yo las sitié y conquisté, construyendo rampas de tierra apisonada y entonces trayendo arietes; por el asalto de soldados a pie, por brechas hechas en sus muros, por túneles y socavados, hice que salieran de ellas 200.150 personas, jóvenes y viejos, hombres y mujeres, innumerables caballos, mulas, burros, camellos, ganado grande y pequeño, y los conté como despojos de guerra. A él mismo lo encerré como a un pájaro enjaulado dentro de Jerusalén, su ciudad real.

SENAQUERIB [5]

Ezequías tenía que haberse sentido mal tanto en su corazón como en su cuerpo. Las noticias de la captura de otras ciudades judías llegaron a sus oídos, y sin duda el rey se sintió impotente. El estaba gravemente enfermo, encerrado en su ciudad amurallada, y derrotados sus aliados. Todo lo que podía hacer era orar.

Dios contestó aquellas oraciones. Durante la enfermedad de Ezequías, Dios envió al profeta Isaías a darle buenas noticias al rey. Dios le dijo a Isaías que le dijera: "Añadiré a tus días quince años, y te libraré a ti y a esta ciudad de mano del rey de Asiria" (2 Reyes 20:6).

Para verificar su promesa, Dios le dio a Ezequías una señal e hizo volver la sombra por los grados que había descendido en el reloj de sol de Acaz. [6]

La derrota de Asiria

Senaquerib atacó a Judá, pero no llegó a capturar a Jerusalén y matar a Ezequías. En sus conflictos previos él había derrotado y entrado a las ciudades de Babilonia, Sidón, Asdod, Bet-amón, Ascelón, Beth-dagón, Jope, Bene-berac, Hazor, Ecrón, Elteque, y Timna —pero Jerusalén escapó.

Dios proveyó liberación, interviniendo y matando a ciento ochenta y cinco mil soldados (2 Reyes 19:34-36). En medio de un tiempo de incertidumbre y agitación, Dios restauró la salud de Ezequías e infligió a Senaquerib una derrota sin paralelo. Así que fue un Ezequías saludable y victorioso quien le dio a los representantes diplomáticos de Babilonia el gran recorrido por Jerusalén. No es sorprendente que Merodac-baladán enviara emisarios a Jerusalén. Aunque ellos preguntaron por la salud de Ezequías, también se encargaron de inquirir acerca de sus riquezas y armamentos. Sin duda, su propósito era ver si se podía formar otra alianza contra Asiria. Merodac-baladán estaba buscando a alguien que lo ayudara a recuperar su trono, y la ciudad de Jerusalén era la única ciudad que le había infligido a Senaquerib un golpe mayor.

Los emisarios de Merodac-baladán también preguntaron a Ezequías acerca de la "señal maravillosa que había acontecido en la tierra". Los babilonios tenían una fe grande en la astrología y habían notado el extraño y repentino cambio en el sol, al cual había seguido la recuperación de Ezequías y la derrota del ejército asirio.

Esta era la oportunidad de Ezequías para compartir con los representantes diplomáticos de Merodac-baladán la verdad acerca del Dios de Israel, que controla los planetas y las estrellas y liberta a los reyes y las naciones. En vez de esto, Ezequías se deleitó en la gloria que le daba la delegación. Por mostrarle a ellos sus riquezas y armamentos, él tomó el crédito para sí mismo por la victoria reciente sobre los asirios. Ezequías les presentó a los babilonios las posesiones de Judá en vez del poder De Dios.

La exaltación necia de Ezequías atrajo el juicio divino. Dios envió de nuevo a Isaías a Ezequías con un anuncio: "He aquí vienen días en que todo lo que está en tu casa, y todo lo que tus padres han atesorado hasta hoy, será llevado a Babilonia, sin que quede nada" (2 Reyes 20:17).

El cumplimiento de la profecía de Isaías se cumplió un siglo después, pero los resultados de la necedad de Ezequías fueron inevitables. Dios había liberado a Judá de los asirios, pero los asirios finalmente caerían ante los babilonios. Los aliados de Ezequías vendrían a ser entonces enemigos de Judá.

Una vez más Babilonia vino a ser piedra de tropiezo al pueblo de Dios. El reino de Judá representaba el gobierno de Dios en la tierra. Aunque Asiria aparecía como la peor amenaza para el reino de Dios, no sería la nación que finalmente destruiría a Judá. En lugar de eso, Babilonia surgió como la verdadera amenaza para el pueblo de Dios.

Manasés

Después del tiempo de Ezequías y Merodac-baladán, cayó el telón en las relaciones de Babilonia con Judá por aproximadamente cincuenta años. Durante este tiempo Asiria permanecía como el poder dominante; sin embargo, la fiera nación tenía constantemente que sofocar de manera cruel los retos que se levantaban contra su dominio. Uno de tales reto trajo desastre al gobierno de Manasés, rey de Judá.

El rey Asarhaddón de Asiria reconstruyó la ciudad de Babilonia, que había sido destruida por su padre, Senaquerib. Entonces él nombró a su hijo Asurbanipal príncipe heredero de Asiria, mientras hacía a su otro hijo, Samassum-ukin, príncipe heredero de Babilonia.

No fue una manera ideal de balancear el poder. Eventualmente la guerra estalló entre los hermanos rivales. Samas-sum-ukin, apoyado por los elamitas, las tribus de caldeos, y otras naciones vasallas, hizo la guerra a Asurbanipal.

Después de dos años, Asurbanipal ganó ventaja y le puso sitio a la ciudad de Babilonia. Por el 648 A. C. la ciudad estaba al borde del colapso debido al hambre. Samas-sum-ukin se suicidó en las llamas que consumían su palacio. Asurbanipal entonces atacó a las naciones que se habían aliado con Babilonia.

¿Cómo se relaciona esta historia con Judá? Es muy posible que Manasés siguiera la política extranjera de su padre Ezequías y se aliara con Samas-sum-ukin en contra de Asurbanipal. Si fue así, esta alianza por poco le cuesta la vida a Manasés.

> Y habló Jehová a Manasés y a su pueblo, mas ellos no escucharon; por lo cual Jehová trajo contra ellos los generales del ejército del rey de los asirios, los cuales aprisionaron con grillos a Manasés, y atado con cadenas lo llevaron a Babilonia.

2 CRONICAS 33:10-11

El rey de Asiria declaró a Manasés culpable y se lo llevó a Babilonia para ejecutar su sentencia. En cadenas, con un garfio atravesando su nariz, fue llevado por el desierto y a través de una ruidosa y burlona multitud a lo largo de la Vía Procesional de Babilonia. El rey de Judá había venido a ser un trofeo babilónico, una de los despojos de la guerra.

"En angustias", revela el relato bíblico, "oró a Jehová su Dios, humillado grandemente en la presencia del Dios de sus padres. Y habiendo orado a él, fue atendido; pues Dios oyó su oración y lo restauró a Jerusalén, a su reino. Entonces reconoció Manasés que Jehová era Dios" (2 Crónicas 33:12-13).

Por la gracia de Dios, Manasés fue librado y se le permitió regresar a Jerusalén como rey. Pero la Ciudad del Hombre no había terminado con la Ciudad de Dios.

7

CONTAMINADO POR BABILONIA

EL REINO DE ASIRIA DOMINO A Judá desde el tiempo de Ezequías hasta el tiempo de Josías. Pero hacia el final de este período una nueva fuerza comenzó a levantarse en el este —el Imperio neobabilónico. Este imperio pronto sobrepasó a Asiria como el poder dominante en el Oriente Medio.

Un nuevo rey se levantó en Babilonia, Nabopolasar. Mediante una serie de batallas estratégicas él y su hijo, Nabucodonosor, empujaron a los asirios hacia el oeste y norte. En 612 A. C., una fuerza combinada de babilonios, medos y escitas atacó y destruyó a Nínive, la capital asiria. El rey asirio, Sinsariskun, murió en la batalla de Nínive y fue reemplazado por Asurbal-lit II. Los asirios se retiraron a Harán pero fueron forzados a evacuar por el avance incontenible del ejército babilonio.

Egipto, anteriormente enemigo de los asirios, tuvo un cambio curioso en la política extranjera y comenzó a apoyar a sus antiguos enemigos. Sin duda, Egipto reconoció la amenaza de los babilonios y esperaba apoyar el titubeante estado asirio para usarlo como un parachoque contra este nuevo e imprevisible poder.

Una de las ·batallas más cruciales en esta lucha internacional ocurrió en el 609 A. C. Ese fue el año en que el remanente del ejército de Asiria, con el apoyo egipcio, decidió lanzar una contraofensiva final contra la guarnición de Babilonia en Harán. Su objetivo era desalojar a los babilonios del área occidental del Eufrates.

El rey Josías de Judá

En ese punto los ejércitos de Egipto irrumpieron en las páginas de la historia bíblica. "En aquellos días Faraón Necao rey de Egipto subió contra el rey de Asiria al río Eufrates, y salió contra el rey Josías; pero aquél, así que le vio, lo mató en Meguido" (2 Reyes 23:29).

De los varios relatos de este conflicto, llegamos a la conclusión de que Josías entendió el propósito del avance de Faraón Necao contra Carquemis. ¿Por qué entonces él trató de obstaculizar a los egipcios en su campaña contra los babilonios?

Josías pudo haber tenido dos razones para arriesgar su vida en una batalla. Primero, él actuó con sentido de nacionalismo. Judá había ganado la independencia de Asiria bajo el reinado de Josías, y el intento de Egipto de apoyar a Asiria presentaba una doble amenaza a la seguridad de Judá: La amenaza de una Asiria revivida que intentaba recuperar el territorio perdido, o la de un Egipto imperialista que trataba de ejercer en toda la Palestina.[1]

Segundo, Josías pudo haber actuado como un aliado en apoyo de Babilonia.

> Y Necao le envió mensajeros, diciendo: ¿Qué tengo yo contigo, rey de Judá? Yo no vengo contra ti hoy, sino contra la casa que me hace guerra.
>
> 2 CRONICAS 35:21

Josías se dio cuenta de que Necao no estaba interesado en invadir el reino de Judá. Hay indicaciones de que Necao intentaba enteramente pasar de largo a Judá, y ya casi lo había conseguido. Josías no se había opuesto a las primeras expediciones egipcias a través del territorio de Israel, que llevaban refuerzo a los asirios.[2] Si Josías sólo hubiera estado interesado en proteger a su país de la influencia egipcia, habría actuado antes. Pero Josías sabía que Necao marchaba con el fin de bloquear el avance del ejército babilónico, y Babilonia era aliada de Judá.

Es probable que Josías tenía ambas motivaciones cuando él decidió oponerse al avance egipcio hacia Carquemis. Hay evidencia para sugerir que él actuó a favor de los babilonios, pero también vio la amenaza inmediata para Judá de que ambos poderes fueran sus vecinos en sus fronteras del norte y el sur —Asiria y Egipto. Babilonia todavía no era una amenaza. Sus temores estaban justificados; pues tres meses después de su muerte prematura a manos de Faraón Necao, los egipcios intervinieron en los asuntos de Judá nombrando un rey vasallo.[3] Así Judá vino a ser un vasallo de Egipto —una nación títere obligada a apoyar los intereses de Egipto.

Cualesquiera que hayan sido sus razones, Josías apoyó a Babilonia. Su abuelo, Manasés, había apoyado a Babilonia en contra de Asiria, y su bisabuelo, Ezequías, se había unido con Babilonia en el intento de sacudirse el yugo de servidumbre de Asiria. Desafortunadamente, los tres reyes comprobaron que apoyar a Babilonia finalmente conducía al desastre nacional.

El período de cooperación termina

Faraón Necao regresó de Carquemis con el ejército egipcio y tomó el reino de Judá. El rey Joacaz, después de reinar sólo tres meses, fue llevado encadenado a Egipto. Su hermano, Joacim, fue puesto en el trono como un vasallo leal a Egipto. La era de la cooperación de Judá con Babilonia había terminado.

Joacim era un camaleón político, y su lealtad inestable presagiaba desgracia para Judá. Aun desde el inicio del reinado de Joacim, el joven profeta Jeremías, comenzó a proclamar un nuevo mensaje en Jerusalén. Aunque todavía él le ofrecía al pueblo de Judá la oportunidad de arrepentirse, su mensaje era de destrucción. [4]

> Yo pondré esta casa como Silo, y esta ciudad la pondré por maldición a todas las naciones de la tierra.

JEREMIAS 26:6

Su mensaje inpopular por poco le cuesta a Jeremías su vida, porque el pueblo de Judá se sentía razonablemente seguro bajo la protección de Egipto. Con todo, Jeremías levantaba sus ojos proféticos de fe para vislumbrar al "enemigo del norte" que Dios estaba levantando para juzgar a Judá. Ese enemigo era Babilonia.

Joacim sirvió al rey de Egipto desde el 609 al 605 A. C., pero entonces el balance del poder internacional cambió. Por cuatro años los egipcios y los babilonios se habían confrontado en Carquemis sin que ninguno de los lados fuera capaz de ganar ventaja, pero en el 605, Nabucodonosor obtuvo una victoria decisiva.

► En el año veintiuno del rey de Acad [Nabopolasar, rey de Babilonia] se quedó en su propia tierra. Nabucodonosor su hijo mayor, el príncipe heredero, congregó [al ejército babilónico] y tomó el mando de sus tropas; él marchó a Carquemis, que está a orillas del Eufrates, y cruzó el río [para ir] contra el ejército egipcio que estaba en Carquemis.... Pelearon los unos con los otros y el ejército egipcio se retiró delante de él. El logró la derrota de ellos hasta la no existencia [los venció]. En cuanto al resto del ejército egipcio que había escapado de la derrota [tan rápido que] ningún arma los hubiese podido alcanzar, en el distrito de Hamat las tropas babilónicas los sorprendieron y los derrotaron de manera que ni un solo hombre [escapó] a su propio país. En ese tiempo Nabucodonosor conquistó toda el área del país de los Hatti [heteos].

LA CRONICA DE BABILONIA [5]

Joacim reconoció la superioridad de Nabucodonosor y cambió su adhesión mientras el monarca babilónico marchaba triunfante a través de Palestina. Como el escritor de 2 de Reyes narra: "En su tiempo subió en campaña Nabucodonosor rey de Babilonia" (2 Reyes 24:1).

Normalmente, Nabucodonosor hubiera asegurado su control sobre Judá deponiendo a su actual rey y reemplazándolo con alguien que él escogiera. Pero Nabucodonosor le permitió a Joacim quedarse en el trono de Judá.

Hay tres razones para qué Nabucodonosor dejara a Joacim en el trono. Primero, le llegó la noticia de que su padre, Nabopolasar, había muerto el 15 de agosto del 605 A. C. Nabucodonosor regresó a su país para ascender al trono el 7 de septiembre, y pudo haber sentido la urgencia de volver a Babilonia para evitar la inestabilidad política.

Segundo, Nabucodonosor sintió que podía ganar la lealtad de Joacim llevando consigo "rehenes reales" a Babilonia. El se llevó "algunos de los judíos del linaje real", incluyendo al profeta Daniel. [6]

Finalmente, Nabucodonosor pudo haber considerado la historia de Judá. El tatarabuelo de Joacim, Ezequías, se había aliado con los Babilonios, como también Manasés. Josías aun había dado su vida para impedir que los egipcios marcharan contra Babilonia. Joacaz, hermano de Joacim, había sido depuesto y llevado a Egipto como prisionero. ¿Qué razón tenía Nabucodonosor para dudar de la lealtad de Joacim?

Después de asegurar su trono, Nabucodonosor regresó a Palestina y consolidó sus conquistas hasta principios de febrero del 604 A. C., cuando reunió todos sus tributos y regresó a Babilonia. Llevó consigo no solamente "rehenes reales", sino también tesoros del templo de Dios, que puso en el templo de su dios. [7]

El camaleón cambia sus colores

> Joacim vino a ser su siervo (de Nabu-codonosor) por tres años, pero luego volvió y se reveló contra él.
>
> 2 REYES 24:1

¿Por qué se reveló Joacim contra Babilonia? La respuesta es, de nuevo, Egipto. En el 601 A. C., Nabucodonosor hizo otro avance a través de la tierra de Israel. Su objetivo era Egipto, pero su ejército encontró a los egipcios en algún lugar en Sinaí.

> **En el cuarto año el rey de Acad [Nabu-còdonosor] congregó su ejército y marchó a la tierra de Hatti [Palestina]. En el mes de Quisleu [noviembre/diciembre 601 A. C.] él tomó la dirección de su ejército y marchó a Egipto. El rey de Egipto lo oyó y congregó su ejército. En batalla abierta se golpearon el pecho el uno [del] otro y se hicieron grandes estragos el uno al otro. El rey de Acad y sus tropas se volvieron y regresaron a Babilonia. En el quinto año el rey de Acad [se quedó] en su propia tierra y juntó sus carrozas y caballos en gran número.**

LA CRONICA DE BABILONIA [8]

Resulta obvio, por esta descripción oficial de la batalla que el ejército de Nabucodonosor sufrió una derrota seria. Todo el año siguiente Nabucodonosor se vio forzado a reparar y equipar sus maltrechas fuerzas. Joacim vio esto como su oportunidad de rebelarse contra Babilonia y aliarse con Egipto. La era de la cooperación había terminado, y la de confrontación comenzaba en serio.

8

LA EDAD DE LA CONFRONTACION

LA PROFECIA DE ISAIAS AL REY EZEQUIAS ahora halla su cumplimiento: Judá cayó ante Babilonia. El período de confrontación con Babilonia comenzó en 601 A.C., y duró hasta la destrucción de Jerusalén en 586.

Aunque Joacim estuvo libre del dominio babilónico por cerca de dos años, no estuvo sin dificultades. Mientras preparaba su ejército, Nabucodonosor ordenó a varios de sus estados vasallos que lanzaran ataques preliminares contra Judá: "Pero Jehová envió contra Joacim tropas de caldeos, tropas de sirios, tropas de moabitas y tropas de amonitas, los cuales envió contra Judá" (2 Reyes 24:2).

A mediados de diciembre del 598 A. C., el ejército de Nabucodonosor estaba preparado para marchar contra Judá. El principal objetivo de Nabucodonosor era atacar a Jerusalén y enseñarle (y, sin duda, a otras naciones también) las horribles consecuencias de rebelarse contra Babilonia. Después de marchar a Judá y en el día segundo del mes de Adar el tomó la ciudad y capturó al rey".[1] El 16 de marzo del 597 A. C., Jerusalén voluntariamente se rindió.

Irónicamente, Joacim ya había muerto cuando Nabucodonosor llegó. Su hijo, Joaquín, que había reinado sólo tres meses, se rindió a los babilonios. Es posible que Joacim fuera asesinado cuando se supo que Nabucodonosor venía a atacar a Jerusalén por la rebelión de Joacim.[2] El relato bíblico indica que Joacim no era un gobernante popular,[3] y es fácil ver cómo el pueblo podía estar dispuesto a sacrificarlo, esperando con ello apaciguar la ira de Nabucodonosor.

Nabucodonosor reemplazó al rey Joaquín, saqueó la ciudad, y depuso a sus líderes. Aunque todavía le permitió al país mantener alguna medida de independencia. Esto implica que aquellos que habían iniciado la rebelión fueron eliminados antes de su llegada.

La confrontación que Judá había temido había terminado —por el momento. Sedequías fue instalado como rey, y Judá entró obedientemente en el campo babilónico. A pesar de las advertencias del profeta Jeremías, los falsos profetas estaban profetizando un fin rápido al dominio babilónico y maquinando más insurrección. La tierra de Judá era un barril de pólvora en espera de un fósforo.

Sedequías

Lo que Judá necesitaba era un líder fuerte que siguiera los mandamientos del Señor. Desafortunadamente, Sedequías no lo era. Su debilidad y vacilación se ven claramente en Jeremías 38:5, donde leemos que Sedequías entrega a Jeremías a los oficiales del gobierno con esta débil excusa: "El está en vuestras manos; pues el rey nada puede hacer contra vosotros".

El cuarto año del gobierno de Sedequías fue estremecido por la confusión. Una insurrección de gran magnitud se llevó a cabo en la misma Babilonia, y, sin duda, noticias de esta revuelta llegaron a las provincias. Algunos judíos nacionales diligentemente regaron los rumores y "profecías" del pronto derrocamiento de Nabucodonosor y Babilonia.[4]

Había conmoción también al sur de Judá. Después de su derrota en Carquemis, Necao había resultado bastante inefectivo en cuanto a contener el poder de Babilonia, excepto por su victoria en 601. Cuando Nabucodonosor atacó a Jerusalén en 598, los egipcios se quedaron en su país. Pero en 594., la coronación de un nuevo Faraón en Egipto, Psamético II, inspiró a los judíos a pensar que tal vez aquí había un guerrero suficientemente fuerte como para combatir a Nabucodonosor.

Reuniones secretas, esperanzas secretas

Estas esperanzas, engendraron un mar de descontento y rebelión, culminando en una reunión secreta de naciones que querían arrojar el yugo opresor de Babilonia. Emisarios de los reyes de Edom, Moab, Amón, Tiro, y Judá se reunieron para planear su estrategia.[5] Aun los "profetas" predijeron un final culminante del dominio de Babilonia dentro de dos años.

El tiempo parecía adecuado para la acción, y en esta reunión secreta de los aliados potenciales se discutió la posibilidad de una rebelión unida. Desafortunadamente para estos emisarios, Dios dirigió a Jeremías a denunciar públicamente el complot.[6]

Quizás la denuncia de Jeremías aplastó la conspiración, o quizás Nabucodonosor se enteró del complot, pero de cualquier modo, ninguna rebelión organizada se llevó a cabo. Sedequías permaneció como un rey vasallo fiel.

William H. Shea ha desarrollado una hipótesis fascinante y lógica que une la rebelión en Babilonia, la orden para que Sedequías compareciera en Babilonia, y la convocación en la llanura de Dura mencionada en Daniel 3. Shea alega que la asamblea en la llanura de Dura en la provincia de Babilonia, donde delegados de todas las demás provincias de Babilonia se tenían que arrodillar ante la imagen de Nabucodonosor o ser echados en un horno de fuego, se llevó acabo en 594 A. C., siguiendo a la supresión de la revuelta. Se les exigió a los oficiales del gobierno que se arrodillaran ante la estatua como una señal de lealtad a Nabucodonosor. Nabucodonosor también ordenó a los reyes vasallos, incluyendo a Sedequías,[7] que tomaran parte en la ceremonia de lealtad.[8]

El último levantamiento contra Babilonia comenzó a finales del 589 A. C., con la llegada al trono de un nuevo rey en Egipto. Faraón Hofra [Apries], animó a Judá a revelarse contra Babilonia y prometió ayudar a Judá en este intento. Judá, Amón, y Tiro dejaron de pagar tributo a Nabucodonosor. Las causas exactas de la revuelta final de Judá no están claras. La Biblia no dice nada, y la Crónica de Babilonia tiene un vacío entre el 594 y 557 A. C.

El tercero y último asalto de Nabucodonosor

La respuesta de Nabucodonosor a esta rebelión fué veloz y severa.

▷ **Aconteció a los nueve años de su reinado, en el mes décimo, a los diez días del mes, que Nabucodonosor rey de Babilonia vino con todo su ejército contra Jerusalén, y la sitió, y levantó torres contra ella alrededor.**

2 REYES 25:1

El 15 de enero del 588 A. C., los ejércitos de Babilonia se acercaron a las murallas de Jerusalén. Esta fecha —el comienzo del sitio de Jerusalén por Nabucodonosor— marca el inicio del fin de la nación de Judá. El evento fue tan significativo que su fecha fue escrita cuatro veces en los libros del Antiguo Testamento.[9]

Una por una, las ciudades y pueblos de Judá cayeron ante Nabucodonosor; mientras que el rey babilónico estaba sitiando a Jerusalén. Pronto sólo tres ciudades principales resistían a Babilonia: Jerusalén, Laquis, y Azeka.

Durante los largos meses de sitio, los dos espectros gemelos, el hambre y la enfermedad, clavaron sus garras en el pueblo. Las madres mataban y se comían a sus hijos para sobrevivir, y por lo menos una tercera parte de los habitantes de la ciudad murió.[10]

El sitio de Jerusalén fue levantado temporalmente cuando vino palabra de que el ejército egipcio venía a rescatar a su aliada, Judá.[11] Jerusalén estaba eufórica; el pueblo danzaba en las calles. ¡La liberación venía en camino!

Pero Jeremías tenía un ominoso mensaje:

▷ **He aquí que el ejército de Faraón que había salido en vuestro socorro, se volvió a su tierra en Egipto. Y volverán los caldeos y atacarán esta ciudad, y la tomarán y la pondrán a fuego.**

JEREMIAS 37:7-8

La profecía de Jeremías se cumplió demasiado rápido. El 18 de julio de 586 A. C., los babilonios rompieron las defensas de Jerusalén e invadieron la ciudad, matando brutalmente a otra tercera parte de sus habitantes.[12] La ciudad había estado bajo sitio por más de treinta meses.

El rey Sedequías huyó de Jerusalén de noche y trató de escapar hacia Amón al otro lado del río Jordán, "y el ejército de los caldeos siguió al rey, y lo apresó en las llanuras de Jericó" (2 Reyes 25:5). Amón, aliado de Judá, todavía estaba libre, pero Sedequías nunca llegó a su ansiado refugio.

Judá ya no existe

La era de la confrontación terminó en desastre. Judá se había atrevido a oponerse al poderío de Babilonia, y fue aplastada bajo el ataque violento de esa poderosa máquina de guerra. Cuando cesaron de arder las ruinas carbonizadas de la que fue su ciudad capital, Judá dejó de existir como nación independiente. Los tiempos de los gentiles habían comenzado.

Babilonia fue la nación que destruyó el reino de Dios en la tierra. Babilonia saqueó y quemó el templo de Salomón y quitó al último rey que se sentó en el trono de David y gobernó una nación de Israel independiente. Los babilonios arrancaron al pueblo de su tierra prometida y los llevaron cautivos.

En este capítulo de nuestra historia de dos ciudades, Jerusalén hizo su entrada en el tiempo de los gentiles —un período cuando Israel estaría sin rey del linaje de David. Los gentiles gobernarían el mundo, incluyendo al pueblo de Israel.

▶ **Babilonia, Irak —Según el personal de relaciones públicas de Irak, esta ciudad, en un tiempo poderosa, recibió mala publicidad en la antigüedad. El problema de la fama de Babilonia —"la madre de las rameras y de las abominaciones de la tierra"— en gran parte es culpa de los judíos, dicen los promotores. Ellos siempre tuvieron rencor contra el lugar desde que fueron "llevados cautivos" por el rey Nabucodonosor en el siglo séptimo antes de Cristo.**

MICHAEL DOBBS, San José Mercury News.

9

LA "CABEZA DE ORO" DE LA HISTORIA

SI LA "PRENSA" DE JERUSALÉN HUBIERA ESTADO en operación en el otoño del 605 A. C., los titulares hubieran gritado, "¡BABILONIA VIOLA A JUDA!"

Nabucodonosor invadió la tierra de Judá, persiguiendo furiosamente al ejército de Egipto que huía, saqueando ciudades y pueblos que hallaba a su paso. Desde aldeas más simples hasta el glorioso templo, cada edificio se abría ante la ira de Nabucodonosor. Palacios y templos rendían sus tesoros incalculables a las hordas invasoras de Nabucodonosor, y los niños de judíos prominentes eran reunidos y enviados a Babilonia —"huéspedes" cautivos del gobierno.

▷ En el año tercero del reinado de Joacim rey de Judá, vino Nabucodonosor rey de Babilonia a Jerusalén, y la sitió. Y el Señor entregó en sus manos a Joacim rey de Judá, y parte de los utensilios de la casa de Dios; y los trajo a tierra de Sinar, a la casa de su dios, y colocó los utensilios en la casa del tesoro de su dios. Y dijo el rey a Aspenaz, jefe de sus eunucos, que trajese de los hijos de Israel, del linaje real de los príncipes.

DANIEL 1:1-3

El libro bíblico de Daniel a menudo es visto como un laberinto de sueños y visiones extrañas. Pero Daniel no escribió su libro para confundir a nadie. Lo escribió para presentar dos verdades importantes.

Primero, Daniel ofrece esperanza para el futuro. Israel estaba viviendo en los tiempos de los gentiles, el período entre la caída de Judá y la venida del Mesías, y el pueblo necesitaba saber que Dios no los había abandonado. El reino Mesiánico de Dios todavía vendría, Daniel les aseguró, pero su inauguración tardaría por algún tiempo.

Segundo, el libro de Daniel enfatiza la piedad y vivir como es debido en el presente. Por su propio ejemplo, y él de sus asociados, Daniel instruyó a los judíos en cuanto a cómo debían vivir mientras aguardaban el reino de Dios.

Los primeros dos capítulos de Daniel presentan a cuatro jóvenes de fe que se propusieron vivir vidas piadosas en la cultura pagana de Babilonia. Los capítulos 2 al 7 no se escribieron en hebreo, sino en arameo, que llegó a ser la lengua del pueblo desde el tiempo de la cautividad. Los capítulos segundo y el séptimo dan una vista general de la historia de los gentiles; los capítulos tercero y sexto hablan de la persecución y de la protección sobrenatural; y los capítulos cuarto y quinto dan detalles de la revelación de Dios a un rey gentil.

El sueño inquietante de Nabucodonosor

Los capítulos segundo y séptimo de Daniel presentan el plan de Dios para el mundo a partir de la caída de Judá. La historia comienza una noche cuando Nabucodonosor tuvo un sueño perturbador.

▷   **Tuvo Nabucodonosor sueños, y se perturbó su espíritu, y se le fue el sueño. Hizo llamar el rey a magos, astrólogos, encantadores y caldeos, para que le explicasen sus sueños. Vinieron, pues, y se presentaron delante del rey.**

Y el rey les dijo: He tenido un sueño, y mi espíritu se ha turbado por saber el sueño.

Entonces hablaron los caldeos al rey en lengua aramea: Rey, para siempre vive; di el sueño a tus siervos, y te mostraremos la interpretación.

Respondió el rey y dijo a los caldeos: El asunto lo olvidé; si no me mostráis el sueño y su interpretación, seréis hechos pedazos, y vuestras casas serán convertidas en muladares. Y si me mostráis el sueño y su interpretación recibiréis de mí dones y favores y gran honra. Decidme, pues, el sueño y su interpretación....

Los caldeos respondieron delante del rey, y dijeron: No hay hombre sobre la tierra que pueda declarar el asunto del rey; además de esto, ningún rey, príncipe ni señor preguntó cosa semejante a ningún mago, ni astrólogo ni caldeo. Porque el asunto que el rey demanda es difícil, y no hay quien lo pueda declarar al rey, salvo los dioses cuya morada no es con la carne.

Por esto el rey con ira y con gran enojo mandó que matasen a todos los sabios de Babilonia. Y se publicó el edicto de que los sabios fueran llevados a la muerte, y buscaron a Daniel y a sus compañeros para matarlos....

Y Daniel entró y pidió al rey que le diese tiempo, y que él mostraría la interpretación al rey. Luego se fue Daniel a su casa e hizo saber lo que había a Ananías, Misael y Azarías, sus compañeros, para que pidiesen misericordias del Dios del cielo sobre este misterio.... Entonces el secreto fue revelado a Daniel en visión de noche....

Respondió el rey y dijo a Daniel, al cual llamaban Beltsasar: ¿Podrás tú hacerme conocer el sueño que vi, y su interpretación?

Daniel respondió delante del rey, diciendo: El misterio que el rey demanda, ni sabios, ni astrólogos, ni magos ni adivinos lo pueden revelar al rey. Pero hay un Dios en los cielos, el cual revela los misterios, y él ha hecho saber al rey Nabucodonosor lo que ha de acontecer en los postreros días. He aquí tu sueño, y las visiones que has tenido en tu cama:

Estando tu, oh rey, en tu cama, te vinieron pensamientos por saber lo que había de ser en lo por venir; y el que revela los misterios te mostró lo que ha de ser.... Tú, oh rey, veías, y he aquí una gran imagen. Esta imagen, que era muy grande, y cuya gloria era muy sublime, estaba en pie delante de ti, y su aspecto era terrible. La cabeza de esta imagen era de oro fino; su pecho y sus brazos, de plata; su vientre y sus muslos, de bronce; sus piernas, de hierro; sus pies, en parte de hierro y en parte de barro cocido. Estabas mirando, hasta que una piedra fue cortada, no con mano, e hirió a la imagen en sus pies de hierro y de barro cocido, y los desmenuzó. Entonces fueron desmenuzados también el hierro, el barro cocido, el bronce, la plata y el oro, y fueron como tamo de las eras del verano, y se los llevó el viento sin que de ellos quedara rastro alguno. Mas la piedra que hirió a la imagen fue hecha un gran monte que llenó toda la tierra....

Tú, oh rey, eres rey de reyes; porque el Dios del cielo te ha dado reino, poder, fuerza y majestad.... tú eres aquella cabeza de oro.

Del libro de DANIEL, Capítulo 2

El significado del sueño

La estatua en el sueño de Nabucodonosor contenía cuatro metales diferente que representaban los reinos gentiles que se levantarían para gobernar la tierra. Por primera vez desde la formación de la nación de Israel, Dios le estaba dando el control del mundo habitado a las naciones gentiles. El primer metal, la cabeza de oro, era la Babilonia de Nabucodonosor.

Los otros poderes gentiles, aunque no fueron nombrados específicamente por Daniel, se pueden determinar. El "pecho y brazos de plata" representaban un segundo imperio mundial que se levantaría después de Babilonia. Babilonia fue reemplazada en la escena mundial por el poder medo-persa, y este fue el imperio mundial siguiente que ejerció influencia sobre la tierra de Israel.

La tercera porción de la estatua era "su vientre y sus muslos de bronce"; y Daniel interpretó esto como "un tercer reino, de bronce, el cual dominará sobre toda la tierra" Daniel 12:39). El poder que reemplazó al imperio medo-persa fue el reino de Grecia dirigido por Alejandro el Grande.

El cuarto imperio estaba hecho de hierro. Representaba el imperio final de los gentiles que gobernaría a Israel cuando el Mesías viniera a restaurar el reino de Dios en la tierra. El imperio que suplantó a los griegos y gobernó sobre Judá en el tiempo de la primera venida de Cristo fue Roma. Roma fue el cuarto y final poder gentil en la visión de Daniel.

Otros poderes gentiles habían existido antes de Babilonia, por supuesto. Algunos de ellos, Egipto y Asiria, por ejemplo habían aun dominado la tierra de Israel. Sin embargo, fue Babilonia la que *logró* primero la supremacía total sobre el reino de Dios gobernado por el linaje de David y que vino a ser la primera en una serie de poderes gentiles que gobernarían el mundo. Ningún rey del linaje de David ha gobernado sobre Israel desde la victoria de Babilonia.

Israel no gobernará sobre la tierra otra vez hasta que los tiempos de los gentiles se cumplan. Daniel vio una piedra cortada sin manos humanas que hirió la estatua y la desintegró. Esta piedra entonces creció hasta ser un monte y llenó la tierra. El significado de la piedra le dio a Daniel una gran esperanza.

▷ **El Dios del cielo levantará un reino que no será jamás destruido, ni será el reino dejado a**

72

otro pueblo; desmenuzará y consumirá a todos estos reinos, pero él permanecerá para siempre.

DANIEL 2:44

Dios tiene un plan para su pueblo Israel, pero ese plan no se hará evidente hasta que los tiempos de los gentiles se cumplan. Entonces Dios intervendrá para establecer su reino en la tierra.

> ▷ Entonces el rey Nabucodonosor se postró sobre su rostro y se humilló ante Daniel, y mandó que le ofreciesen presentes e incienso. El rey habló a Daniel, y dijo: Ciertamente el Dios vuestro es Dios de dioses, y Señor de los reyes, y el que revela los misterios, pues pudiste revelar este misterio.

DANIEL 2:46-47

El sueño de Daniel

Daniel no había terminado con los sueños. Mucho después que Nabucodonosor había muerto, cuando el último rey de Babilonia, Belsasar, había asumido el trono, Daniel mismo tuvo un sueño que lo perturbó:

> ▷ Miraba yo en mi visión de noche, y he aquí que los cuatro vientos del cielo combatían en el gran mar. Y cuatro bestias grandes, diferentes la una de la otra, subían del mar.
> La primera era como león, y tenía alas de águila. Yo estaba mirando hasta que sus alas

73

fueron arrancadas, y fue levantada del suelo y se puso enhiesta sobre los pies a manera de hombre, y le fue dado corazón de hombre.

Y he aquí otra segunda bestia, semejante a un oso, la cual se alzaba de un costado más que del otro, y tenía en su boca tres costillas entre los dientes; y le fue dicho así: Levántate, devora mucha carne.

Después de esto miré, y he aquí otra, semejante a un leopardo, con cuatro alas de ave en sus espaldas; tenía también esta bestia cuatro cabezas, y le fue dado dominio.

Después de esto miraba yo en las visiones de la noche, y he aquí la cuarta bestia, espantosa y terrible y en gran manera fuerte, la cual tenía unos dientes grandes de hierro; devoraba y desmenuzaba, y las sobras hollaba con sus pies, y era muy diferente de todas las bestias que vi antes de ella, y tenía diez cuernos.

Mientras yo contemplaba los cuernos, he aquí que otro cuerno pequeño salía entre ellos, y delante de él fueron arrancados tres cuernos de los primeros; y he aquí que este cuerno tenía ojos como de hombre, y una boca que hablaba grandes cosas...

Yo entonces miraba a causa del sonido de las grandes palabras que hablaba el cuerno; miraba hasta que mataron a la bestia, y su cuerpo fue destrozado y entregado para ser quemado en el fuego. Habían también quitado a las otras bestias su dominio, pero les había sido prolongada la vida hasta cierto tiempo.

Miraba yo en la visión de la noche, y he aquí con las nubes del cielo venía uno como un hijo de hombre, que vino hasta el Anciano de días, y le hicieron acercarse delante de él Y le fue dado dominio, gloria y reino, para que todos los pueblos, naciones y lenguas le sirvieran; su dominio es dominio eterno, que nunca pasará, y su reino uno que no será destruido.

De DANIEL 7:2-14

El sueño de Daniel es similar al sueño de Nabucodonosor, pero ahora los cuatro poderes gentiles sucesivos se presentan como cuatro bestias feroces que salen del mar para gobernar la tierra. Dios mismo le dijo a Daniel que "las cuatro bestias son cuatro reyes (reinos) que se levantarán en la tierra" (Daniel 7:17).

La primera bestia, Babilonia, se describe como un león con alas de águila. Estatuas de bueyes o leones alados con cabeza humana se han encontrado en la región de Asiria. Son representaciones paganas de seres angélicos. Quizás este cuadro ilustra el orgullo de Nabucodonosor. Pero en la visión de Daniel, las alas de la bestia le son arrancadas, igual que fue humillado Nabucodonosor. [1]

Daniel describe la segunda bestia, el poder medopersa, como un oso lunanco con tres costillas en su boca. Este es un cuadro perfecto del imperio medo-persa —un imperio compuesto de dos países, pero los persas con más dominio que los medas. Las tres costillas en la boca del oso gráficamente ilustran las tres conquistas prominentes del imperio: Lidia en 546 A. C., Babilonia en 439 A. C., y Egipto en 525 A. C.

La tercera bestia, Grecia, se presenta como un leopardo con cuatro alas y cuatro cabezas. Las alas representan el vuelo veloz del imperio griego al extenderse rápidamente al este bajo Alejandro el Grande. Las cuatro cabezas representan la división del imperio después de la muerte de Alejandro. Cuatro generales se repartieron el imperio: Ptolomeo I tomó a Israel y Egipto, Seleuco I tomó a Siria y Mesopotamia, Lisímaco tomó a Tracia y Asia Menor, y Casandro tomo a Macedonia y Grecia.

Daniel vuelve a describir la cuádruple división en el capítulo 8: "El macho cabrío es el rey de Grecia, y el cuerno grande que tenía entre sus ojos es el rey primero. Y en cuanto al cuerno que fue quebrado, y sucedieron cuatro en su lugar, significa que cuatro reinos se levantarán de esa nación, aunque no con la fuerza de él" (Daniel 8:21-22).

La cuarta bestia, Roma, ¡es indescriptible y aterradora! "espantosa y terrible y en gran manera fuerte". Destruye y pisotea toda oposición, y es diferente de todas las demás bestias. Al usar el hierro para describir los dientes de la bestia, Daniel la relaciona con la cuarta porción de la estatua del sueño de Nabucodonosor. El cuarto imperio es más aterrador que sus predecesores. Es el imperio que tendrá el mando cuando venga el Mesías.

Ambos sueños de Daniel señalan hacia un túnel largo y oscuro para el pueblo de Abraham. Los tiempos de los gentiles traerán dificultades para los judíos, ya que ellos experimentarían persecución y problemas por su fe en Dios. Sin embargo, en ambos sueños, hay luz y victoria al final del túnel. Esa luz es el reino venidero de Dios que significaría el fin de los tiempos de los gentiles y el comienzo del reino de Dios en la tierra.

10

EL REY
QUE COMIO HIERBA

AUNQUE TANTO LOS SUEÑOS DE DANIEL como los de Nabucodonosor predijeron la victoria final del pueblo de Israel, también pronosticaron un tiempo cuando las naciones que no conocían a Dios gobernarían la tierra. Este período se conocería como los tiempos de los gentiles.

¿Qué naciones encabezaban la lista en los tiempos de los gentiles? ¿Quién estaba primero en la fila de los poderes de los gentiles que intentaban usurpar el programa de Dios para su pueblo?

¡Babilonia!

Dos cuadros de una nación

Cuando Daniel escribió el cuarto y el quinto capítulos de su libro, es como si él hubiera escudriñado en el diario de sus setenta años en Babilonia para representar todo lo que era la nación de Babilonia. El primer cuadro viene del tiempo de Nabucodonosor, temprano en la vida de Daniel. La segunda escena es del tiempo del rey Belsasar. Provee un vistazo de Babilonia en la noche final de su existencia como nación.

Nabucodonosor reinó por cuarenta y tres año, del 605 al 562 A. C. Sólo fragmentos de la Crónica de Babilonia, los anales oficiales de la corte de Babilonia, han sobrevivido, y de la mayor parte de la vida de Nabucodonosor no tenemos información específica. Pero el cuarto capítulo de Daniel contiene los datos de un período de siete años en la vida de Nabucodonosor cuando Dios le privó de la razón.

Este cuadro revelador de Nabucodonosor comienza con la descripción de la grandeza de su reino. El había alcanzado la cumbre del poder, pero nunca había podido vencer un obstáculo: el orgullo. En vez de atribuirle su grandeza al Dios que él había reconocido como el "Dios de dioses" cuando Daniel le reveló el significado de su sueño, él se consideró a sí mismo como su propia fuente de grandeza.

 En la muralla de ladrillos hacia el norte, mi corazón me inspiró a construir un palacio para proteger a Babilonia. Yo construí allí un palacio como el palacio de ladrillos y betún de Babilonia.... Yo levanté su cúspide y la conecté al palacio con ladrillo y betún. La hice alta como una montaña. Troncos fuertes de cedro le puse por techo. Puertas dobles de cedro cubiertas de cobre, umbral y goznes hechos de bronce puse en sus puertas. A ese edificio lo llamé "Que Nabucodonosor viva, que llegue a viejo como restaurador de Esagila".

Una inscripción antigua acerca del edificio del palacio de Nabucodonosor en el borde norte de Babilonia [1]

Una noche Nabucodonosor estaba caminando sobre la azotea de su palacio real, muy probablemente el palacio del sur, situado dentro de las murallas de la ciudad entre la Vía Procesional y el río Eufrates. Desde su posición de ventaja, él podía contemplar el cuarto de su trono, el área de las viviendas reales, los atrios, y el espacio donde trabajaban y vivían su vasto círculo de empleados de gobierno. Al lado del palacio él podía ver los famosos jardines colgantes.

Nabucodonosor admiró la ciudad de Babilonia y reflecccionó en cómo ella reflejaba su grandeza. Lleno de su propia importancia, exclamó, "¿No es ésta la gran Babilonia que yo edifiqué para casa real con la fuerza de mi poder, y para gloria de mi majestad?" (Daniel 4:30).

No hay duda —Babilonia era majestuosa. Nabucodonosor había sepultado la antigua Puerta de Istar construida por su padre, de manera que él pudiera construir una nueva (¡y mucho más magnífica!) Puerta de Istar encima de ella. El reedificó el palacio del sur, construyó los jardines colgantes, reparó las murallas alrededor de la ciudad, restauró la torre de Babel y el templo de Marduk, y edificó o extensamente reparó la mayoría de los demás templos en la ciudad. Sus proezas de construcción fueron legendarias. En muchos de los ladrillos que había hecho para sus proyectos de edificación puso la siguiente inscripción: "Yo soy Nabucodonosor rey de Babilonia, rey de todo de mar a mar".

▶ **Porque mi corazón no deseaba que el lugar de la habitación de mi Majestad estuviera en otro lugar, porque no construí una morada real en ninguna otra parte, y porque no consigné la propiedad real a todas las tierras, mi lugar de habitación en Babilonia vino a ser insuficiente para la dignidad de mi Majestad.**

Una antigua inscripción que describe uno de los palacios de vivienda de Nabucodonosor [2]

La jactancia de Nabucodonosor por sus proezas no era sin fundamento, pero era orgullosa. Dios hirió a Nabucodonosor con locura y, por siete años, el poderoso rey comió hierba como el ganado. El pueblo lo echó "de entre los hombres", y su cuerpo fue mojado con el rocío. Su pelo creció "como plumas de águila" y sus uñas "como las de las aves" (Daniel 4:33).

El castigo de Nabucodonosor duró hasta que él admitió que "el Altísimo tiene el dominio en el reino de los hombres y lo da a quien él quiere" (Daniel 4:32). Igual que sus predecesores en la torre de Babel, el rey de Babilonia aprendió que sus más grandes logros se quedaban muy pequeños cuando se los compara con la majestad de Dios.

La caída de Babilonia

Los últimos reyes de Babilonia eran sólo sombras del poder y esplendor de Nabucodonosor. Nabonido ascendió al trono en 556 A.C., pero prefirió reconstruir los templos en las ciudades distantes de Harán y Tema a gobernar al pueblo de Babilonia. Por diez años el estuvo fuera de la ciudad, y su hijo, Belsasar, gobernó en su lugar.

Belsasar heredó el orgullo de Nabucodonosor, pero desafortunadamente no heredó las habilidades administrativas y militares de su abuelo. El Rey Ciro de Persia marchó a conquistar el imperio babilónico, y a finales de septiembre o principio de octubre del 539 A. C., Ciro derrotó al ejército de Babilonia en el río Tigris justamente al sur de la moderna Bagdad. El 10 de octubre, Ciro tomó la ciudad de Sipar, sólo a cuarenta millas al norte de Babilonia, y dos días más tarde, el 12 de octubre, la Crónica de Babilonia reporta que "el ejército de Ciro entró en Babilonia sin una batalla". [3]

¿Cómo una ciudad que se suponía inexpugnable pudo caer en cuestión de horas sin una batalla? El gobierno actual de Irak culpa de la caída a un complot entre los judíos y los persas: como oí a un oficial iraquí decir en el Festival de Babilonia, "no fue hasta que Ciro hubo colaborado con los judíos dentro de la ciudad" que él pudo apretar el cerco alrededor de la ciudad y subsecuentemente ocuparla. [4]

 Fueron los persas quienes destruyeron la ciudad magnífica de Nabucodonosor en el 539 A. C.

> Según Salam Yacoub, el guía del Ministerio de Información de Irak, ellos se las arreglaron para capturar a Babilonia por la traición de la comunidad judía. Informados por los judíos, los persas construyeron diques de tierra para bloquear el cercano Eufrates, privando así a la ciudad de sus defensas naturales.
>
> MICHAEL DOBBS en el San José Mercury News [5]

Aunque esa manera de ver la historia puede servir a los fines políticos de Saddam Hussein, no cuadra con los hechos. El documento oficial de la corte babilónica simplemente dice que el ejército persa entró a Babilonia el 12 de octubre, dos días después de apoderarse de Sipar, y tomó la ciudad sin una batalla.

El historiador antiguo Herodoto provee información adicional. Ciro desvió el agua del río Eufrates por un canal río arriba de Babilonia, de manera que el nivel del agua bajara "a la altura de la mitad de los muslos de un hombre". El ejército persa sabía que esa misma noche los babilonios estaban "gozándose en un festival", así que las murallas estarían pobremente defendidas. [6]

La última fiesta de Belsasar

Mientras los persas veían descender el nivel del agua, la fiesta dentro de Babilonia estaba en su apogeo. El rey Belsasar estaba dando un banquete a mil de sus nobles, probablemente en la sala del trono del palacio sur de Nabucodonosor.

Para los Festivales de Babilonia de 1987-88, la sala del trono fue usada para conciertos musicales. Cientos de personas podían sentarse cómodamente en el salón a pesar del gran escenario construido para los actores. Mientras estaba sentado escuchando la música, me fue fácil visualizar a Belsasar y sus mil nobles apiñados en aquel regio salón aquella noche trágica.

Quizás para tranquilizar a sus comandantes por el sitio anticipado, Belsasar enfocó su atención en las victorias pasadas de Babilonia. El dio órdenes para que trajeran las vasijas de oro y plata que Nabucodonosor había tomado del templo en Jerusalén, de manera que él y sus nobles, sus esposas, y sus concubinas pudieran beber en ellas.

Es fácil imaginárselo levantando un tazón de oro, exaltándose a sí mismo y a sus dioses al vanagloriarse de las victorias de su abuelo setenta años atrás. Mientras él y sus nobles profanaban los artículos que habían sido dedicados al Dios de Israel, "alabaron a los dioses de oro y de plata, de bronce, de hierro, de madera y de piedra" (Daniel 5:4).

La fiesta ostentosa de Belsasar no duró toda la noche. Aun cuando él estaba con la taza en sus labios, los dedos de la mano de un hombre aparecieron y comenzaron a escribir en la pared. Horrorizado, Belsasar pidió a sus sabios que interpretaran la escritura. Ninguno tenía idea de lo que significaba. Pero entonces alguien recordó a un anciano llamado Daniel que había resuelto misterios indescifrables en el tiempo de Nabucodonosor.

Belsasar llamó a Daniel y le ofreció la posición de "tercer señor en el reino" si era capaz de interpretar el mensaje (Daniel 5:16). Esta era la posición más alta que Belsasar podía ofrecer. El mismo era el segundo más alto en el reino, ya que su padre, Nabonido, todavía vivía.

Daniel rechazó la pomposa oferta de Belsasar, pero accedió a lo de interpretar el misterioso mensaje. Primero, sin embargo, él enseñó a Belsasar una lección de historia. Daniel le recordó al rey cómo Dios juzgó el orgullo de Nabucodonosor quitándole la cordura y sacándolo de su trono por siete años. Daniel concluyó: "Y tú, su hijo Belsasar, no has humillado tu corazón, sabiendo todo esto; sino que contra el Señor del cielo te has ensoberbecido" (Daniel 5:22-23).

Daniel entonces explica la escritura en la pared. "Contó Dios tu reino, y le ha puesto fin", le dijo Daniel a Belsasar. "Pesado has sido en balanza, y fuiste hallado falto. Tu reino ha sido roto, y dado a los medos y a los persas" (Daniel 5:26-28).

Las noticias eran desagradables, pero Belsasar guardó su palabra. Daniel fue aclamado, vestido en púrpura, adornado con una cadena de oro, y declarado el tercero más alto en el reino. El reino, sin embargo, cayó antes de la mañana.

Los persas se deslizaron por la ribera del río y entraron por una puerta lateral que los llevaba al palacio del sur. En la muy corta batalla que siguió, Belsasar y algunos de los nobles murieron. Babilonia cayó en manos de los medos y persas.

Babilonia, la cabeza de oro, ya no gobernaba a las naciones

11

CONQUISTADA PERO NO DESTRUIDA

SI LEEMOS LA BIBLIA, SABEMOS QUE BABILONIA cayó ante los invasores medo-persas. Si leemos el periódico, sabemos que Saddam Hussein está tratando de restaurar la gloria de la antigua Babilonia. ¿Pero qué le pasó a Babilonia durante los dos mil quinientos años intermedios? ¿Continuó la ciudad del hombre su guerra contra la ciudad de Dios? ¿O fue completamente destruida, aparentemente para nunca volver a levantarse?

¿Qué le pasó a Babilonia?

Si nuestra historia de dos ciudades terminó cuando Judá cayó, parecería como que la ciudad del hombre había triunfado sobre la ciudad de Dios. Pero la misma rebelión orgullosa que causó la confusión en Babel, también trajo la caída de los reyes de Babilonia. Babilonia era como una princesa altanera, sacudiendo su cabeza y proclamando, "Lo hice a mí manera".

Babilonia ocupó el escenario central del mundo por sólo cerca de dos generaciones. La ciudad se elevó a la fama en 612 A. C. cuando los ejércitos babilónicos destruyeron la ciudad de Nínive, y Babilonia suplantó a Asiria como el poder dominante en el Oriente Medio.

Menos de un siglo más tarde, en 539 A.C., Babilonia fue conquistada por los medos y los persas, y gradualmente se sumió en la oscuridad.

Diez y siete días después que Babilonia cayó ante el general de Ciro, Ciro mismo entró en la ciudad. La persona promedio en Babilonia no había de notar ningún cambio importante en los asuntos de la vida cotidiana. Ciro estableció a Babilonia como una de sus ciudades capitales y asumió el título de "rey de Babilonia".[1] El sabiamente, trató de establecer la paz y de restaurar un sentido de normalidad y orden en la ciudad.[2]

▶ Cuando yo entré en Babilonia como un amigo y [cuando] establecí el asiento del gobierno en el palacio del gobernante con júbilo y gozo, Marduk, el gran señor, [indujo] a los magnánimos habitantes de Babilonia [a amarme], y yo me esforzaba diariamente para adorarlo. Mis numerosas tropas se pasearon por Babilonia en paz, yo no le permití a nadie aterrorizar [ningún lugar] del [país de Sumer] y Acad. Yo me esforcé por la paz en Babilonia y en todas sus [otras] ciudades sagradas.

CIRO, rey de Babilonia [3]

Babilonia permaneció en paz durante todo el reinado de Ciro y su sucesor, Cambises. Después de la muerte de Cambises, Darío I asumió el control del imperio medopersa. Los ciudadanos de Babilonia se rebelaron contra Darío, y él se vio obligado a recapturar la ciudad en dos ocasiones. Después de su segunda supresión de una revuelta, Herodoto reporta que "Darío destruyó sus murallas y arrancó todas sus puertas, cosas que Ciro no había hecho al principio cuando tomó a Babilonia".[4]

Aunque Babilonia había caído en tiempos difíciles, continuó siendo una ciudad activa e importante bajo el reinado de los medo-persas.

El imperio de bronce

En 334 A. C., Alejandro el Grande y los griegos, inclinados a la conquista, cruzaron el Helesponto, que separaba a Europa de Asia. En una serie de derrotas rápidas y sorprendentes, el imperio medo-persa cayó ante Alejandro. En sólo once años, Alejandro y su ejército conquistaron el mundo entonces conocido.

Al llegar a Babilonia, después de haber corrido con paso firme sobre el imperio medo-persa, Alejandro hizo grandes planes para la ciudad a fin de que fuera la capital oriental de su imperio. Puso hombres a trabajar para reconstruir y agrandar el templo de Marduk y el zigurat, en el centro de la ciudad.[5] El comenzó a preparar el Eufrates como un puerto de gran capacidad. Para ello ordenó excavaciones para ampliar el puerto de modo que fuera lo suficiente grande para mil barcos de guerra, y construyó astilleros en él.[6] Desafortunadamente, Alejandro murió cuando tenías sólo 32 años, mucho antes de que pudiera completar todos sus ambiciosos proyectos.

El imperio de bronce se divide

Después de la muerte de Alejandro, el imperio griego se dividió en cuatro partes, tal como Daniel lo había profetizado. Macedonia y Grecia, el imperio original de Alejandro, le tocaron a Casandro. Lisímaco le echó manos a Tracia y Asia Menor. Palestina y Egipto le cayeron a Ptolomeo I; y con Siria, Mesopotamia, Media y Persia se quedó Seleuco I.

Seleuco I, más que ningún otro individuo, fue responsable de la decadencia gradual de la ciudad de Babilonia. Aunque él tomó el título de "rey de Babilonia", se vio repetidas veces obligado a tomar y retomar la ciudad en luchas para afianzar su autoridad en la región. Finalmente él decidió establecer una nueva capital en el río Tigris a unas cuarenta y cinco millas al norte de Babilonia, y le puso su nombre a la ciudad. Con el establecimiento de Seleucia, el gobierno y el centro de comercio cambió de Babilonia en el Eufrates a Seleucia en el Tigris. Babilonia nunca recuperó su papel prominente en la región.

Aunque Babilonia ya no era prominente entre las ciudades, no cesó de existir. El templo de Marduk y los otros templos en Babilonia todavía estaban operando, y Babilonia permaneció como centro religioso dominante en el área.

En algún momento durante el período griego en Babilonia se construyó un teatro. Este teatro, ahora reconstruido por el gobierno de Irak, tiene capacidad para más de cuatro mil personas, lo que hace suponer que la ciudad todavía tenía una población numerosa cuando el teatro se originó.

Babilonia cojeaba

Los partos reemplazaron a los griegos como gobernantes de Mesopotamia en 139 A. C., y ellos continuaron controlando esta área a través del tiempo de los romanos. Los partos edificaron otra ciudad no lejos de Seleucia y la llamaron Ctesifonte. Estas tres ciudades competían por el poder. Ctesifonte vino a ser el centro político, Seleucia permaneció el centro de industria y comercio, y Babilonia continuó como el centro religioso de Mesopotamia.

► **Seleucia en el presente ha venido a ser más grande que Babilonia, mientras que la mayor parte de Babilonia está tan desierta que uno no vacilaría en decir lo que uno de los poetas cómicos dijo en referencia a los megalopolitanos en Arcadia: "La gran ciudad ha venido a ser un gran desierto".**

Estrabón [7]

Babilonia no estaba totalmente desierta, pero Seleucia estaba ahora más densamente poblada, y grandes secciones de Babilonia ya no estaban habitadas. Babilonia todavía existía, pero la ciudad era sólo un carapacho de su gloria pasada.

Josefo provee una porción interesante de información acerca de Babilonia en el siglo antes de Cristo. En el 40 A. C., los partos extendieron su imperio hacia el oeste hasta Siria, y unieron fuerzas con elementos en Judá que estaban tratando de quitar del poder a Hircano el sumo sacerdote judío proromanos. Hircano fue capturado, mutilado y deportado a Partia. Josefo relata que el rey de Partia más tarde trató a Hircano amablemente y "lo liberó de la prisión, y le dio una habitación en Babilonia, donde había judíos en gran número".[8]

Babilonia en tiempo de los romanos

El Nuevo Testamento igualmente da evidencia de que muchos judíos vivían en y cerca de Babilonia en el primer siglo A. D. El día de Pentecostés un gran número de judíos estaban reunidos en Jerusalén de "toda nación debajo del cielo" (Hechos 2:5). Estos incluían judíos de la región del Golfo, entre ellos, partos, medos y elamitas; residentes de Mesopotamia (Hechos 2:9). Algunos de estos judíos, sin duda, vivían en Babilonia.

En 1 Pedro 5:13, Pedro envía un saludo que ha asombrado a la gente por generaciones: "La iglesia que está en Babilonia, elegida juntamente con vosotros, y Marcos mi hijo, os saludan".

Si judíos vivían en Babilonia y algunos de ellos oyeron el evangelio el día de Pentecostés, no es difícil imaginar que Pedro, el apóstol de los judíos, hubiera viajado a Babilonia para compartir de Cristo con los judíos que vivían todavía allí. Es muy probable él escribiera la primera epístola de Pedro desde Babilonia.

A partir del fin del período del Nuevo Testamento, la información acerca de la existencia de Babilonia es extremadamente escasa. Muchos eruditos citan a Dión, que escribió que cuando Trajano visitó a Babilonia en el 116 A. C., vio "Nada más que montones de tierra, piedras y ruinas".[9] Pero Pausanias escribió que el templo de Bel (Marduk) y las murallas todavía estaban en pie, aunque la mayor parte de la ciudad estaba abandonada.[10]

Un viajero que visitó a Babilonia durante la Edad Media fue un judío conocido como Benjamín de Tudela. El viajó a través de la región en el siglo doce y luego escribió un relato de su viaje. Benjamín hizo dos observaciones importantes: Primera, dijo que diez mil judíos vivían en la aldea de Hillah a seis millas de Babilonia; segundo, él notó que los judíos tenían una activa "Sinagoga de Daniel" en Babilonia, a una milla de las ruinas del templo de Nabucodonosor, probablemente el templo de Marduk.[11]

Peregrinos como turistas

En la última parte de la Edad Media, peregrinos occidentales comenzaron a hacer el viaje largo y difícil a través de la Tierra Santa y más allá, algunos viajando tan lejos como hasta Mesopotamia.

Estos viajeros a menudo escribían diarios de sus viajes. Estas fuentes, sin embargo, pueden ser inseguras porque los visitantes estaban a la merced de los guías locales que estaban ansiosos de mostrar lo que ellos deseaban ver, ya fuera o no el lugar cercano o el sitio conocido. Los peregrinos estaban desesperados por ver lugares significativos, y los habitantes locales estaban más que felices de complacerlos, ¡por un precio!

▶ **El día que yo estuve allí, no había otros turistas, sólo un puñado de beduinos despabilados protegiéndose del sol en las tiras de sombra que arrojaban unas desoladas columnas. Uno de ellos me tomó por la manga y abrió su mano para mostrarme una diminuta tablilla cunei-**

forme y una estatuilla de un rey babilónico. "Muy antiguo, muy real", dijo él. "Y muy barato sólo diez dólares".

TONY HORWITTZ en el Washington Post [12]

En el 1616, Pietro Della Valle visitó el lugar de la antigua ciudad. El describió las ruinas de la torre de Babel y confirmó el último informe de Koldewey de que los aldeanos estaban extrayendo y vendiendo los ladrillos cocidos al fuego de Babilonia.

Ya avanzado el siglo diecinueve, el arqueólogo alemán Robert Koldewey visitó a Babilonia y comenzó a estudiar sus ruinas. Koldewey nombró cuatro aldeas árabes situadas en el lugar —*Kweiresh, Djumdjumma, Sindjar, y Ananeh*.[13] Babilonia todavía estaba habitada en el tiempo de Koldewey, y lo había estado por algún tiempo antes de su llegada.

Cuando yo viajé a Babilonia en 1987, tuve la oportunidad de ver la aldea de *Kweiresh*. Estaba localizada al lado de la reconstrucción del palacio del sur de Nabucodonosor, y justamente al norte de la Casa de Huéspedes de Saddam Hussein. Un año más tarde, sin embargo, los oficiales de gobierno desalojaron a los aldeanos. Entre 1987 y 1988, el gobierno de Irak había edificado una colina grande al oeste del palacio del sur, entre el palacio y el río Eufrates. Me dijo un oficial del gobierno que la colina vendría a ser parte de un sistema de monorriel que se extendería sobre la ciudad de Babilonia. Fuera o no que el cerro serviría de plataforma al monorriel, era obvio que el gobierno deseaba hacer a la ciudad de Babilonia más gloriosa y que la humilde aldea de *Kweiresh* tenía que sacrificar algo de su tierra en el proceso.

Babilonia nunca ha sido abandonada

Yo no puedo hallar ningún tiempo en la historia cuando se haya podido decir terminantemente que Babilonia hubiera dejado de existir. Su número de habitantes se ha elevado y ha caído a través de las edades, pero nunca ha habido un tiempo cuando la ciudad haya sido completamente abandonada. Babilonia decayó en importancia después del establecimiento de Seleucia, Ctesifonte, y Bagdad, pero retuvo su importancia como un centro religioso. La adoración de Marduk y otras religiones babilónicas continuaron a través de los siglos.

Aun en esta edad moderna, hay aldeas alrededor de Babilonia. Hasta principios de la década del 1980, la ciudad existió como un pequeño carapacho de su antigua gloria, pero ahora el gobierno de Irak ha determinado revivir y restaurar la majestad de Babilonia. La suerte de Babilonia ha decaído, pero la ciudad nunca ha sido destruida.

12

LOS DOS TIRANOS

MIRANDO ATRAS A SU VIDA DE CONQUISTA, pocos podrían imaginarse que uno nacido en la pequeña aldea de *Tikrit* al lado de la ribera del río Eufrates podría lograr tanto reconocimiento internacional. Pero aun desde joven, el aspiró a la grandeza, y su astucia y valentía lo impulsaron a posiciones aun más altas de liderazgo. Su ardiente ambición era unificar a las naciones árabes bajo su liderazgo. No pasó mucho tiempo antes que los países del oeste, temiendo a las consecuencias de una política expansionista árabe, formaron una fuerza multinacional y la desplegaron en el Oriente Medio contra el líder árabe.

¿Saddam Hussein? No. Saladino, el guerrero musulmán más grande del siglo doce. Su toma de Jerusalén en 1187 causó la Tercera Cruzada.

Otro hijo de Tikrit

Casi ochocientos años más tarde, en la misma aldea diminuta de *Tikrit*, nació Saddam Hussein, un hombre cuyas pasiones y métodos desconciertan a los americanos. Nosotros no podemos entender por qué este hombre invadiría un país vecino que lo apoyó en sus ocho años de guerra con Irán. No podemos comprender a fondo por qué él se negaría a retirar sus tropas ante una condena mundial.

No podemos comprender su uso bárbaro de armas químicas en los ciudadanos de su propio país, incluyendo mujeres y niños indefensos.

Su país es un estado policíaco donde iraquíes han sido arrestados por apagar la televisión cuando la imagen de Saddam estaba en la pantalla, o accidentalmente tumbaron uno de sus carteles ubicuos.[1] ¿Puede un líder tan orgulloso y bárbaro estar cuerdo?

Sí, las acciones de Saddam Hussein son demasiado lógicas. El no es un loco psicópata. En realidad él es un individuo frío, calculador, racional que está siguiendo un plan definido.

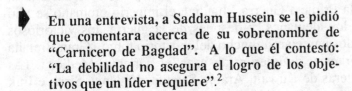

En una entrevista, a Saddam Hussein se le pidió que comentara acerca de su sobrenombre de "Carnicero de Bagdad". A lo que él contestó: "La debilidad no asegura el logro de los objetivos que un líder requiere".[2]

Una historia viviente

Para entender el plan y motivos de Saddam Hussein, tenemos que entender primero algo de la religión e historia política del Oriente Medio.

La religión musulmana comenzó en el siglo siete A. D., al surgir el profeta Mahoma, quien comenzó a predicar en la ciudad de La Meca en lo que hoy es Arabia Saudita. El pueblo de La Meca se opuso a su predicación, y él huyó de Meca a Medina en el 622 A. D. Esta huída llamada la *Hégira* es tan importante para los musulmanes que su calendario, en vez de usar A. C. y A. D., comienza la era moderna desde el año 622.

Mahoma se hizo de seguidores en Medina, y en 630 A. D. regresó a La Meca triunfante. Siete años después, las fuerzas árabes derrotaron a los persas en la batalla de *Al Qadisiyah*, y el islamismo se extendió a Irak y a Persia.

Aquellos primeros siglos fueron tiempos de vigor y triunfo para el Islam y los árabes. Grandes líderes como

Saladino fueron capaces de estimular al pueblo y animarlos a más conquistas.

Pero mientras el islamismo continuaba extendiéndose, la unidad política de los musulmanes comenzó a desintegrarse. Los egipcios, turcos, persas y árabes desarrollaron diferentes esferas de influencia y pelearon por el control del mundo islámico.

La gloria y prominencia de Irak bajo Saladino desapareció bajo la pesada mano del dominio extranjero. En el 1534 los turcos otomanos conquistaron a Irak y establecieron un dominio allí que duró cerca de cuatrocientos años, hasta el final de la Primera Guerra Mundial.

Los turcos eran musulmanes, pero no eran árabes. En la Primera Guerra Mundial, el imperio otomano se alió con los alemanes, y después de la guerra, los victoriosos aliados parcelaron mucho del territorio turco. Gran Bretaña y Francia dividieron al azar el Oriente Medio. Las fronteras de Kuwait, Arabia Saudita, Jordania, Siria, e Irak son poco más que líneas rectas trazadas en un mapa por los británicos. Irak fue libertado de los turcos, pero todavía era gobernado por extranjeros.

El resto del siglo veinte resultó un tiempo continuo de dominio extranjero y humillación nacional para los árabes. Aunque varios países árabes obtuvieron la independencia nominal, sus gobiernos todavía estaban fuertemente influenciados por los poderes occidentales. En el 1948, las Naciones Unidas no tomaron en cuenta la amenaza y protesta de los árabes y crearon la nación de Israel. La Tierra Santa vino a ser cualquier cosa menos pacífica.

▶ **El Oriente Medio es el vecindario más peligroso del mundo. Tiene 17 países árabes y una república persa. Toda el área está poblada por 231 millones de musulmanes como también por pequeñas minorías cristianas y un estado judío con una población de menos de 5 millones. Ha conocido pocos días de verdadera paz en este siglo, ninguna desde que Israel nació al sonido de cañonazos hace cuarenta y dos años. Yendo** de momentos de crisis a optimismo infundado y volviendo a la crisis, ha gastado más en armas, ha peleado más guerras y sufrido más bajas que ninguna parte del Tercer Mundo.

DAVID LAMB en los Angeles Times [3]

Israel no es bienvenido en la tierra

Los árabes recibieron la formación de Israel como un insulto y declararon la guerra al nuevo estado. Israel, valientemente, peleó con los ejércitos combinados de siete estados árabes, y cuando terminó la guerra, ¡Israel tenía más tierra que la que se le había concedido bajo el plan original de las Naciones Unidas!

 Israel no pagará nada. Nosotros no haremos la menor concesión para satisfacer lo que ustedes llaman países árabes moderados o no moderados.
Nosotros tenemos un interés. Queremos vivir aquí pacíficamente y defender nuestras vidas. No pagaremos ningún precio a nadie.

ARIEL SHARON [4]

En la década de los cincuenta, el general Gamal Abdel Nasser se levantó en Egipto y llamó a los árabes a unirse contra los poderes occidentales e Israel. El nacionalizó el Canal de Suez en 1956 y cerró el Golfo de Akaba. Gran Bretaña, Francia, e Israel respondieron atacando a Egipto. De nuevo, las aspiraciones árabes fueron frustradas.

En 1967 Nasser y los sirios amenazaron una vez más con invadir a Israel, pero Israel atacó primero y humilló a las naciones árabes por todos lados, en la Guerra de los Seis Días. El sueño de Nasser de una nación árabe unificada se desmoronó.

▶ Jerusalén no es negociable. Nunca será negociable. Jerusalén es el corazón de los judíos. Ha
sido la capital de los judíos por los últimos 3,000
años. No aceptaremos ningún otro arreglo.

ARIEL SHARON [5]

Los árabes buscan un líder

Los presentes conflictos en el Oriente Medio no son el
producto de una combustión instantánea sino el resultado
natural de pasiones, odios, y rivalidades que han hervido
por siglos. Los árabes sienten que de su gran pasado han
descendido a un presente rebajado. Culpan mucho de esto
al dominio que han experimentado por los poderes
occidentales que incluyen a Turquía, Gran Bretaña, y ahora
los Estados Unidos. Ellos están buscando un líder que
arroje el dominio del Oeste y los vuelva a la grandeza que
una vez tuvieron.

Los que viven en el Oriente Medio tienen un sentido
más fuerte de la historia que los americanos. ¡Algunas
casas en el Oriente Medio ya estaban en pie cuando los
primeros europeos llegaron a América! La "crisis de
identidad" de los árabes y su sentido penetrante de la
historia ayudan a explicar la presente agitación en el Oriente Medio.

La nación iraquí y su presidente

▶ Yo digo con mi corazón lleno de tristeza que
todavía no hay en Irak un pueblo iraquí.

FAISAL I, el primer rey de la moderna Irak, en
1932 [6]

Irak, que en 1932 fue el primer país árabe en obtener su

independencia del control británico, es un país sin identidad clara. El veinte por ciento de sus habitantes son kurdos, un grupo no árabe que Saddam atacó con gas venenoso después de la rebelión en 1987-88. Les fue difícil a los occidentales entender cómo Hussein pudo envenenar a su propio pueblo, pero en realidad, aunque los kurdos eran iraquíes, no eran árabes.

En 1937, Saddam Hussein nació en la aldea de *Tikrit*, a unas cien millas al norte de Bagdad junto al río Tigris. Aunque él fue a la escuela secundaria en Bagdad y a la escuela de leyes en El Cairo, su educación verdadera provino de la multitud de revolucionarios celosos con la que él andaba en las calles.

Otra influencia fue su tío, Khayrallah Tulfah. Khayrallah crió a Saddam, y más tarde hizo arreglos para que se casara con una de sus hijas. Cuando Saddam vino al poder, Khayrallah fue recompensado con el nombramiento de alcalde de Bagdad. Khayrallah Tulfah, cuya influencia en Saddam fue significativa, no era precisamente de mente abierta en cuanto a los que no eran árabes. Una vez él publicó un libro intitulado, *Los tres que Dios no debió haber creado: persas, judíos y moscas.*

Las primeras proezas de Saddam Hussein a favor del Partido Baas han sido elevadas a la categoría de leyenda. A los 22 años, él fue escogido para dirigir lo que resultó un frustrado intento de asesinato contra el Presidente de Irak. El escapó a Egipto; volvió a Irak en 1963 cuando el Partido Baas llegó al poder; fue encarcelado desde 1964 hasta 1966 cuando el gobierno baasita fue derribado en un golpe de estado; y entonces escapó de la prisión.

Cuando el Partido Baas recuperó el control en 1968, Saddam Hussein vino a ser, a la edad de 31 años, un líder en Irak. Bajo el patrocinio de su primo hermano mayor al-Bakr, Saddam llegó a ser miembro del Concilio del Comando Revolucionario en 1969, y vicesecretario general del Partido de Baas en 1977. Más tarde fue nombrado vicepresidente del Concilio del Comando Revolucionario, el cuerpo de nueve miembros que legislaba por decreto.

Pocas semanas después de llegar a ser presidente de Irak en 1979, Saddam Hussein ejecutó a algunos de sus amigos más íntimos y correligionarios del Partido Baas, que estaba en el poder. Los videos de la reunión en la que los "traidores" fueron nombrados muestra a Hussein leyendo sus nombres en una lista, pausando para tomar bocanadas de un tabaco mientras que los miembros de la audiencia se revolvían en sus asientos.[7] Luego que sus nombres fueron pronunciados, a los supuestos conspiradores se les hizo salir y fueron asesinados. Saddam Hussein había comenzado su patrón de gobierno por la fuerza.

Es hoy Irak una de las naciones más paranoicas en el mundo. Cuando yo viajé a Irak como huésped invitado, a nuestro grupo se asignó un oficial "vigilante" que seguía nuestros pasos. Por lo menos en una ocasión se nos pidió que entregáramos las películas de nuestras cámaras, aunque habíamos tomado vistas sólo de una inocente aldea. Cuando algunos de nosotros nos mostramos reacios a darles las películas , se nos llevó a una estación de la policía y simplemente nos retuvieron allí hasta que accedimos a entregárselos.

Babilonia es una vez más parte de un estado policíaco, donde las libertades individuales casi no existen, y los líderes del país usan el poder y la fuerza para gobernar. Poder y fuerza —tal como en los días de Nabucodonosor.

El llamado al nacionalismo árabe

El Partido Baas, al cual Saddam Hussein pertenece, se formó para promover el nacionalismo panarábigo. La meta del partido es unificar al pueblo árabe y elevarlo como raza. Por señalar al pasado, el Partido Baas recuerda a los árabes la grandeza que una vez experimentaron y cómo los invasores occidentales les quitaron esa grandeza.

▶ **La gloria de los árabes nace de la gloria de Irak. A través de la historia, siempre que Irak llegó a ser poderosa y próspera, también la nación**

98

árabe. Es por eso que estamos luchando para hacer a Irak poderosa, formidable capaz y desarrollada.

Saddam Hussein en 1979 [8]

Un ejemplo ominoso de su mentalidad es la descripción actual de la presencia militar de Estados Unidos en el Golfo. Iraquíes, jordanos, y palestinos se refieren a las fuerzas armadas de Estados Unidos como "cruzados". Esto no es un halago. A los árabes les recuerda los ejércitos de incrédulos occidentales que atacaron, conquistaron, humillaron, y mataron al pueblo árabe; dominaron y explotaron los países árabes; y trataron de destruir la fe islámica.

Saddam Hussein intencionalmente establece paralelos con la historia en lo que él dice y hace, no solamente refiriéndose a la humillación reciente de los países árabes, sino yendo atrás cientos y aun miles de años para reforzar su argumento. Por ejemplo, el llamó su guerra contra Irán "Qadisiyat Saddam", recordándole al pueblo las batallas contra Persia de hace casi mil trescientos cincuenta años.

Un segundo ejemplo del entendimiento de Saddam Hussein del simbolismo y la historia se puede notar en sus esfuerzos por reconstruir a Babilonia. Moa'yad Saeed, director general del Departamento de Antigüedades de Irak, describe la reconstrucción de Babilonia como un símbolo del conflicto entre Irak e Irán. "Los persas trataron muchas veces de invadir a Irak y lo hicieron no solamente en Babilonia.... Ellos lo han estado intentando por siglos".[9]

Haciéndose eco de la misma idea, el ministro de Información y Cultura de Irak, Latif Nsayyif Jassim, habló en la apertura del Festival Internacional de Babilonia en 1987. El comparó la guerra de Irán-Irak al ataque a Babilonia por Ciro en 539 A. C.: "Nosotros le dijimos a Jomeini que Babilonia nunca jamás será quemada dos veces. Hoy le decimos que Babilonia en el tiempo del presidente Saddam Hussein está volviendo a sus glorias pasadas. Ella es anfitriona de esta formidable reunión de pensadores, educadores, y artistas. Ella vincula así a la antigua Babilonia bajo Nabucodonosor y Hamurabi con la Babilonia moderna bajo el presidente Saddam Hussein".[10]

Cuando Babilonia consistía de pequeñas ciudades, estado y dinastías separadas, Hamurabi emprendió guerras sucesivas para unir estas ciudades estado de manera que Babilonia permaneciera como una ciudad, como la luz brillante de la civilización.

Sin embargo, sufrió más y más de ataques repetidos hasta que Nabucodonosor vino al poder y reconstruyó. El construyó templos y murallas altas al darse cuenta de que era el asiento de la primera civilización iraquí.

Hoy se ve exactamente como ayer.

Después de largos períodos de oscuridad que cubrió la tierra de Babilonia y ocultó sus características, Saddam Hussein emerge de Mesopotamia, como Hamurabi y Nabucodonosor habían emergido, a tiempo para sacudir el polvo centenario de la faz de Babilonia.

Saddam Hussein, el nieto de los babilonios, el hijo de esta gran tierra, está dejando sus huellas dondequiera.

De Nabucodonosor a Saddam Hussein, Babilonia se levanta otra vez, folleto publicado por los iraquíes.[11]

Saddam Hussein se ha comparado a sí mismo al guerrero Saladino. El ha trazado su árbol genealógico hasta el profeta Mahoma. Pero la persona con quien se compara a sí mismo más a menudo es Nabucodonosor.

13

EL NIETO DE LOS BABILONIOS

▶ Lo que es más importante para mí acerca de
Nabucodonosor es el eslabón entre las habilidades de los árabes y la liberación de Palestina.
Nabucodonosor fue después de todo, un árabe
de Irak, de la antigua Irak. Nabucodonosor fue
el que trajo a los judíos esclavos encadenados
desde Palestina. Es por eso, que siempre que me
acuerdo de Nabucodonosor, quiero recordar a
los árabes —iraquíes en particular— de sus
responsabilidades históricas. Es una carga que
no los debe detener de actuar, sino más bien
estimularlos a la acción por causa de su historia.

SADDAM HUSSEIN, 1979 [1]

▶ Cuando se le preguntó a Saddam Hussein si él
jamás soñó con desempeñar un papel como el de
Nabucodonosor o Saladino, un árabe que com-
batió contra los Cruzados, Hussein contestó:
"Por Dios, yo sí sueño y deseo esto. Es un honor
para cualquier ser humano soñar con tal papel".

DAVID LAMB en Los Angeles Times [2]

> Saddam Hussein apareció en la escena como un político panarábico. Su gran héroe es Nabucodonosor II, que no es ni árabe ni musulmán, pero sí el constructor de un gran imperio [y el conquistador de Jerusalén].

WALTER LAQUER en el Washington Post [3]

Saddam Hussein tiene tres metas ambiciosas: territorio, poder económico, y la eliminación de la nación de Israel. De cierto modo no es sorprendente que sus metas reflejen las metas de Nabucodonosor, quien también deseaba un imperio, poder, gloria, y la destrucción de Jerusalén.

Como Nabucodonosor, Saddam Hussein está lleno de orgullo.

> Hussein ... ha usado las artes y a grandes artistas no por el arte y los que la ejecutan, sino como instrumentos para adelantar sus metas políticas y glorificarse a sí mismo. Es una señal de su dominio en la sociedad que el ha elegido llevar a tantos artistas a vivir como millonarios a cambio de que éstos le rindan homenaje a él en acrílico, acero, y verso literario. Cuando se escriba el libro sobre Saddam Hussein, se dirá que los artistas y los poetas eran tan vitales a su reino como sus comandantes y su policía secreta.

CAROL MORELLO en el Philadelphia Inquirer [4]

> Beduínos en su vestuario típico, pilotos de la fuerza aérea y mujeres soldados con yelmos aparecen de noche en la televisión del estado en coros cantan alabanzas a Hussein y al valor de las fuerzas guerreras de Irak.
>
> "Oh Saddam, nuestras balas cantan a la cartuchera que ellas siempre están listas", canta emocionado el apuesto Yask huder mientras que

que escenas de aviones de guerra y de batallones de tanques que avanzan aparecen en la televisión detrás de él.

San José Mercury News [5]

▶ La guía de turistas en un palacio reconstruido en Babilonia describe con entusiasmo los monumentos restaurados de la antigua ciudad —la escultura del león, los bajorrelieves de ladrillo de bueyes y grifos, los recién plantados jardines colgantes. Entonces ella va a la sala del trono y, sacudiendo su mano, señala a la plataforma vacía. "Aquí es donde el líder Saddam Hussein tenía su trono. Aquí es donde Saddam Hussein se sentaba", dijo ella, levantando su voz con orgullo.
    La pequeña enérgica mujer, miró alrededor a los rostros turbados, entonces se ríe nerviosamente. "Quiero decir Nabucodonosor. Nabucodonosor. Nabucodonosor tenía su trono aquí".

DANIEL WILLIAMS en los Angeles Times [6]

Hussein ve a Irak como la continuación de la Babilonia de Nabucodonosor, y él desea promover la unidad panarábica como el equivalente moderno del imperio babilónico de Nabucodonosor. El desea gobernar nada menos que a una nación árabe unificada que se extienda desde Arabia Saudita por el sur, a través de Siria y Jordania en el oeste, a Israel en la playa del Mediterráneo. Como Saladino, Saddam Hussein desea guiar los ejércitos árabes en victoria —a recapturar a Israel y sacar a los "incrédulos" del Oeste de las tierras árabes.

La corriente no se puede hacer retroceder

▶   Yo me esforzaré en ser una llama entre muchas,
no importa cuán brillante resplandezca, y una
espada entre muchas, no la única espada.

PRESIDENTE SADDAM HUSSEIN DE IRAK [7]

¿Son éstos los sueños de un solo hombre engañado? Si las
fuerzas militares matan a Hussein, ¿terminará el conflicto?
No. Hussein ha sido capaz de articular su visión y
lograr sus metas más completamente que ningún gobernante árabe en la historia reciente, pero él no está sólo en su
sueño de una nación árabe unificada. Nasser de Egipto se
esforzó por esa meta en la década de los cincuenta, y
Hussein lucha por eso hoy. Si Hussein desaparece mañana
de la escena internacional, algún otro recogerá el grito de
batalla. Y habrá un mártir más para la causa de la unidad
árabe.

Durante el siglo veinte, veintena de aspirantes a con-
quistadores se han paseado por las galerías del poder
alrededor del mundo. Desde Idi Amin en Uganda a Pol Pot
en Cambodia, a Nicolae Ceausescu en Romania, un desfile
de dictadores ha gobernado por pura fuerza y agresión.
Así que, ¿por qué el mundo ha respondido vigorosamente a
Saddam Hussein cuando tan a menudo pasa por alto las
fechorías de otros?

La respuesta se puede hallar en una palabra: petróleo.
La maquinaria del Oeste industrializado corre a base del
petróleo, y el cincuenta por ciento de las reservas de
petróleo del mundo yacen bajo tierra en el Oriente Medio.
Las acciones de Saddam Hussein tienen el potencial de
afectar las vidas de todos en el Hemisferio Occidental.

En 1979, Jomeini llegó al poder en Irán, amenazando
la estabilidad de la región del Golfo Pérsico. El fervor
antioccidental de Jomeini amenazó las vidas de las naciones como Arabia Saudita y Kuwait, que se benefician
grandemente de sus lazos económicos con los países

occidentales. Cuando Saddam Hussein fue a la guerra con Irán, él asumió el papel de protector de los países que no tenían el poderío militar para oponerse a Irán.

Pero en los primeros días de 1990, Saddam Hussein estaba en bancarrota. Su país acababa de terminar la costosa guerra con Irán, y él desesperadamente necesitaba volver a llenar las arcas de su nación. La venta de petróleo era la forma usual de balancear el presupuesto —pero otras naciones árabes, incluyendo a Kuwait, estaban vendiendo el petróleo a menos de veinte dólares el barril.

> Si Kuwait le hubiera dado el dinero que [Saddam] demandaba, el acceso al Golfo Pérsico que él necesitaba y la ayuda que buscaba para elevar el precio del petróleo en el mundo— Saddam hubiera accedido a una solución diplomática entre los estados árabes hermanos,... [pero] los kuwaitís fueron obstinados. Ellos no estaban haciendo caso de su llamada por menos producción de petróleo. Los precios bajos del petróleo le estaban costando a Irak miles de millones de dólares. Desde la perspectiva de Saddam Hussein, la intransigencia de Kuwait era equivalente a una guerra económica.
>
> DAVID LAMB en Los Angeles Times [8]

Saddam Hussein siempre se ha mostrado nervioso sobre territorio. Parte de la razón para comenzar la guerra con Irán fue con el fin de ganar acceso a la vía fluvial al *Chat el-Arab*, indispensable para Irak para exportar su petróleo. Kuwait, con sus costas e islas, ofrece acceso libre al Golfo Pérsico. Kuwait era también un país pequeño, con una población de sólo dos millones y un ejército de sólo veinte mil. [9]

A las dos de la madrugada el dos de agosto de 1990, tanques T-72 de fabricación soviética de la Guardia Republicana de Irak avanzaron sobre el desierto y cruzaron estrepitosamente la frontera de Kuwait. Kuwait cayó en menos de seis horas. Sus sirenas de emergencia ni aun llegaron a sonar.[10]

> Las demandas de Irak previas a la invasión eran claras: Hussein quería control completo del campo petrolero de Rumaila que compartía con Kuwait y la posesión de dos islas kuwaitís que obstaculizan el acceso al Golfo Pérsico desde el puerto iraquí de Umm al Qasr.... Cuando los líderes árabes convocaron a una reunión cumbre, ellos hablan de tratos como ése... La sugerencia es que Hussein tiene un precio —y éste es el campo petrolero y las islas.

NICK B. WILLIAMS, JR;, en Los Angeles Times[11]

Saddam Hussein está sagazmente demostrando quién tiene el poder real en la región. Los superpoderes no parecen tener idea de cómo tratar con él.

> Irak declara que podría comenzar a retirar sus tropas de la ciudad de Kuwait el domingo, pero eso no parece ser una respuesta a ninguna de las presiones de afuera. Mas bien, Hussein ya ha expuesto su punto, demostrando quién influenciará, si no controlará, el precio del petróleo en el futuro.
> "Este es el primer reto fundamental a los superpoderes para ver si ellos pueden construir un nuevo orden internacional", dijo John Hanah del Instituto para Asuntos del Cercano Oriente de Washington. [12]

Petróleo —y el dinero que éste provee— es una clave crucial al problema. Como lo hace en todo el mundo, el dinero habla en el Oriente Medio— comprando ejércitos, ayuda económica y aliados. "Si nosotros podemos resolver con dinero y sólo producir suficiente petróleo, estaremos contentos porque tenemos mucho que perder", dijo un miembro de una familia real saudita.[13]

Los países árabes en muchas formas son como los primos de una familia grande que pelean. Siria y Egipto, que están del lado de Arabia Saudita en el problema actual del Oriente Medio están aprovechándose bien —Siria está recibiendo quinientos millones de dólares en ayuda Saudita, y Egipto recibe ochocientos millones. Los egipcios se están alistando para servir en el ejército saudita, donde el sueldo es de mil dólares mensuales.[14]

▶ Pero con todo su hablar de hermandad, los árabes no confían en los árabes. Tampoco dependen los unos de los otros económicamente. Sólo el cinco por ciento del comercio árabe es interregional. Sólo el dos por ciento de los ciento cuarenta mil millones de dólares que Kuwait y Arabia Saudita han invertido en el extranjero ha sido en los países árabes.

Pero mientras el mundo se mueve hacia una sociedad global, los árabes están retrocediendo. Ellos no miran a Europa ni a Japón ni a Corea como modelos de desarrollo próspero, porque temen que toda la influencia de afuera le robará de su identidad árabe.

DAVID LAMB en Los Angeles Times [15]

Pero las tres mil tropas de árabes sirios que sirven en las fuerzas internacionales en Arabia Saudita no pelearán en contra de los iraquíes. Ciertamente, defenderán a Arabia Saudita, pero "no participarán en un ataque contra el ejército de otra nación árabe".[16] Ellos son miembros de la misma familia árabe, unidos principalmente en su odio y oposición a Israel.

► **Contra Israel, estamos con Irak.**

Un oficial del gobierno de Siria [17]

► **Créame, ningún árabe se pondrá del lado de los americanos en contra de Irak. La mayoría de los árabes apoyan a Saddam. Ningún otro líder árabe ha retado a los poderes de afuera como Saddam. Si yo tuviera la habilidad, sí, yo pelearía por él.**

RIAD AASI, un refugiado palestino en Jordania [18]

Aunque Arabia Saudita y Kuwait ayudaron a financiar la guerra entre Irán e Irak, hay resentimiento contra ambos países en el mundo árabe. Muchos americanos erróneamente asumen que todos los árabes son ricos, pero un gran abismo separa a los que "tienen y a los que no tienen" entre el pueblo árabe. La mayoría de los estados del Golfo tienen poca gente relativamente pero tremendas –reservas de petróleo. Su gente vive un estilo de vida espléndido que incluye todas las comodidades de la civilización occidental.

En contraste, la mayoría de los países árabes de mayor población, son en extremo pobres. Muchos ciudadanos de Egipto, Jordania, Líbano, Siria, e Irak viven en estado miserable de pobreza. Saddam Hussein ha apelado a la ira y frustración de los países que "no tienen" alegando que los países ricos en petróleo no han compartido su riqueza equitativamente con sus hermanos árabes.

► **Finalmente, por primera vez desde que Gamal Shawki Abdel Nasser de Egipto, un líder árabe ha sido lo suficiente valiente para pararse frente al Oeste y ha dicho la consigna —Palestina, Islam, unidad, participación del petróleo árabe— eso le recordó a los árabes cuántas cosas hay que arreglar, y cuánto ha andado mal.**

DAVID LAMB en Los Angeles Times [19]

Aunque parezca extraño, Irak se asienta en una tierra que tiene inmensas reservas de petróleo. Hasim F. Al-Khersan, director general de la Compañía de Exploración de Petróleo, declara que sólo ciento cuatro pozos exploratorios han sido perforados en Irak en los veinte años pasados, y el noventa y cinco por ciento de las perforaciones se realizó al este del río Tigris. "Nosotros pensamos que lo que hemos descubierto es menos de la mitad del potencial petrolero [de Irak]".[20]

La razón que Irak esté entre los países que "no tienen" es, que mucha de la riqueza del petróleo de Irak se ha usado en la compra de materiales militares y para la construcción de monumentos. Entre 1983 y 1988, Irak gastó treinta y cuatro mil millones de dólares para equipar y modernizar el ejército de Saddam Hussein.

Con el ejército más grande en el mundo árabe, Saddam Hussein se ha propuesto forjar un imperio económico mundial, sus límites fueron establecidos por Nabucodonosor hace unos dos mil quinientos años. El poder para lograr su meta viene de un ejército aguerrido de un millón de soldados. Y el fruto económico de la victoria sería el control de la mitad de los recursos petroleros del mundo.

Si Saddam Hussein lograra ganar ese control, habrá ganado riquezas indecibles. Además, ganaría poder sobre una región del mundo que desesperadamente ansía la compensación por agravios pasados. Como Nabuco-donosor, él sería el líder del Oriente Medio —y más allá.

14

LA BABILONIA DE HOY: UNA CIUDAD QUE ESPERA

▶ Mientras el señor Hussein lucha con la crisis causada por su invasión de Kuwait, los planes del líder de construcción de Irak parece que se han archivado. Un inmenso palacio nuevo que algunos iraquíes sospechan que iba a ser el del señor Hussein está abandonado sólo a medio construir, levantándose como un centinela sobre las ruinas del de Nabucodonosor. En lugar de los jardines colgantes, que hace tiempo se hicieron polvo, hay un lago artificial bordeado de cafeterías, y éstas también están cerradas.

JOHN BURNS en el New York Times International [1]

LA SITUACION QUE SE DESARROLLA en el Oriente Medio mientras yo escribo la reminiscencia de las antiguas batallas en las que Babilonia se enfrentaba intermitentemente con Egipto, Asiria, Judá, y Persia, o más de una de estas naciones a la vez. Todo lo antiguo es nuevo otra vez, y los descendientes de los hombres que pelearon los unos con los otros miles de años atrás todavía están amenazando con la guerra en las arenas calientes del desierto del Oriente Medio.

Una cosa es cierta: Babilonia, la gran ciudad del hombre, está esperando. Ella se levantará otra vez para llegar a ser una gran potencia, una sede del comercio y la religión. Al igual que desempeñó un papel principal al principio del tiempo, así ella será una dama importante en los últimos días.

Yo, Nabucodonosor, rey de Babilonia,
El hijo de Nabopolasar, rey de Babilonia.
Yo que erigí el Templo de Ezida,
Yo que construí la Vía Procesional,
La Calle del Hijo Perdonado,
La Calle de Nebo,
Y la pavimenté con piedras relucientes.
Nebo, tú el ministro divino,
Concédeme la inmortalidad.

INSCRIPCION BABILONICA [2]

15

LA CAIDA DE
BABILONIA PREDICHA

EL PROFETA ISAIAS PREDICO DURANTE días oscuros en la historia de Judá. Unos cien años antes del reinado de Nabucodonosor, Isaías predijo la caída de Judá ante Babilonia. Pero esto no fue todo lo que Isaías tenía que decir acerca de Babilonia. En los capítulos 13 y 14, Isaías escribió una serie de predicciones sorprendentes acerca de la ciudad del hombre.

Un siglo después de la muerte de Isaías, el profeta Jeremías caminó por las calles de Jerusalén con su mensaje de juicio y bendición. Durante su ministerio Babilonia estaba en el cenit de su poder, pero notablemente, Jeremías se unió a Isaías en predecir el futuro de Babilonia. Las palabras de ambos profetas se leen como los titulares de los periódicos de hoy.

Los profetas acusaron a las naciones

Los primeros capítulos de Isaías se ocupan del juicio de Dios sobre la nación de Judá. Comenzando en el capítulo 13, sin embargo, Isaías mira a las naciones gentiles de alrededor y les dice: "Si Dios juzga su propio pueblo por sus pecados, ¿qué les hace pensar a *ustedes* que van a escapar?" Isaías entonces nombra otras doce ciudades o naciones en un "salón de mala fama": Babilonia, Asiria, Filistea, Moab, Israel, Damasco, Cus, Egipto, Babilonia, Edom, Arabia, Jerusalén, y Tiro

Isaías da a Babilonia un énfasis especial. El la nombra primero, la nombra dos veces, y pasa más tiempo escribiendo sobre el juicio de Babilonia que sobre el de ninguna otra nación.

La mayoría de los eventos profetizados en el libro de Isaías se cumplieron durante el tiempo del profeta. Las profecías que él escribió acerca de Babilonia en la segunda ocasión (Isaías 21:1-10) se cumplieron alrededor del 700 A. C. Pero los eventos concernientes a Babilonia descritos en los capítulos 13 y 14 de Isaías no se cumplieron en el tiempo de Isaías. Nunca se han cumplido.

Jeremías también profetizó acerca de las naciones gentiles alrededor de Judá (Jeremías 46:1-51:64) Su "lista" comenzó con Egipto, la nación que había incitado a Judá para que se rebelara contra Babilonia y luego se retrajo de su promesa de apoyar a los judíos. Jeremías entonces anuncia el juicio de Dios sobre los vecinos de Judá: los filisteos, Moab, Amón, Edom, y Damasco (Siria). Finalmente, Jeremías anuncia juicio sobre tres grupos de naciones en el oriente distante: Cedar y Hazor en la península árabica, Elam en el Irán moderno, y Babilonia.

Jeremías no coloco a Babilonia al final en su lista por accidente. Por el contrario, él llegó al clímax, poniendo a Babilonia último para enfatizar el castigo de la ciudad.

El juicio de Babilonia todavía es futuro

¿Qué predijo Isaías para Babilonia, la ciudad poderosa? Primero, Babilonia será destruida en "el día del Señor".

> Aullad, porque cerca está el día de Jehová; vendrá como asolamiento del Todopoderoso.... He aquí el día de Jehová viene, terrible, y de indignación y ardor de ira, para

> **convertir la tierra en soledad, y raer de ella a sus pecadores.**
>
> ISAIAS 13:6, 9

En el Antiguo Testamento, "el día del Señor" originalmente se refería a cualquier tiempo en que Dios entraba en la historia para arreglar cuentas con la humanidad. Sin embargo, la frase pronto llegó a referirse a un día especial de juicio y bendición que vendría sobre toda la tierra.

El profeta Joel describió el día del Señor como un tiempo cuando "temblará la tierra, se estremecerán los cielos; el sol y la luna se oscurecerán, y las estrellas retraerán su resplandor" (Joel 2:10). El profeta Malaquías cerró el Antiguo Testamento con la promesa de que Dios enviaría "el profeta Elías, antes que venga el día de Jehová, grande y terrible" (Malaquías 4:5).

Al desarrollarse el concepto del día del Señor en la Biblia, llegó a referirse al período único del juicio venidero en todo el mundo, especialmente sobre la nación de Israel. Daniel lo describió como "tiempo de angustia cual nunca fue desde que hubo gente hasta entonces" (Daniel 12:1).

Jesús lo describió aun más claramente: "Porque habrá entonces gran tribulación, cual no la ha habido desde el principio del mundo hasta ahora, ni la habrá. Y si aquellos días no fuesen acortados, nadie sería salvo" (Mateo 24:21-22).

En Isaías 13 el profeta predice que Babilonia existirá y será destruida en el día del Señor. Dios derramará juicios sobrenaturales en los cielos y en la tierra. "Las estrellas de los cielos y sus luceros no darán su luz; y el sol se oscurecerá al nacer, y la luna no dará su resplandor.... Porque haré estremecer los cielos, y la tierra se moverá de su lugar, en la indignación de Jehová de los ejércitos, y en el día del ardor de su ira" (Isaías 13:10, 13).

El libro de Apocalipsis describe aun más juicios sobrenaturales que serán derramados en la tierra durante este período venidero de juicio divino sobre Babilonia: terremotos y perturbaciones cósmicas, truenos y relámpagos, contaminación, granizo. [1]

Isaías nos da una clave adicional que nos deja saber que él está hablando sobre la aniquilación final de Babilonia en los últimos días, no de una demolición. Dios declara que El destruirá a Babilonia cuando "castigaré al mundo por su maldad, y a los impíos por su iniquidad" (Isaías 13:11). Desde poco después del tiempo del diluvio, Babilonia ha simbolizado la rebelión de la humanidad en contra de Dios. Cuando Dios destruya a Babilonia, destruirá toda maldad en el mundo.

Babilonia será destruida por muchas naciones

Si Babilonia será destruída en el tiempo del fin, ¿quién la destruirá? ¿Los Estados Unidos? ¿Barrerán los Estados Unidos a Irak? Desafortunadamente, Isaías no nos da ninguna información específicamente acerca de los Estados Unidos. Pero los Estados Unidos es un poder mundial prominente —¿cómo no podrá jugar un papel prominente en los últimos días?

La Biblia predice un período de siete años proféticos antes de la segunda venida de Jesucristo a la tierra. El reloj profético de Dios comenzará a andar cuando un gobernante mundial, llamado en varios lugares el príncipe, el anticristo, o la bestia, haga un tratado de siete años con la nación de Israel (Daniel 9:27). De alguna manera este tratado le garantizará a Israel paz y seguridad y proveerá una aparente solución al conflicto árabe-israelí en el Oriente Medio.

Este líder se levantará del remanente del Imperio Romano, probablemente Europa o el área de la cuenca del Mediterráneo. El controlará un imperio de diez naciones y dominará el mundo mediante el poder militar.[2] Pero la paz con Israel será echada por tierra a la mitad de los siete años. El líder llegará a Israel, entrará en el templo (que habrá sido reconstruido por los judíos), y proclamará que él es Dios.[3] Una estatua de este hombre será levantada en el templo, y a todos se les ordenará adorar esa imagen.[4]

La construcción de la estatua marca un punto crucial. Por los primeros tres años y medio Israel gozará de un estado de paz relativa, protegido por su tratado con este líder mundial. Pero en los últimos tres años y medio, este falso mesías tornará su imperio mundial en contra de los judíos. Desatando un odio aun peor que el de Hitler, el anticristo dedicará su energía a erradicar al pueblo de Dios.[5] El no parará hasta que Cristo vuelva a la tierra a rescatar a su pueblo y a establecer su gobierno sobre las naciones. [6]

Es raro que los Estados Unidos esté ausente

Así que, ¿dónde los Estados Unidos encaja en el cuadro? Es claro en las Escrituras que el poder dominante y militar se centrará alrededor del Mediterráneo y Europa —no en los Estados Unidos. Para el tiempo final, los Estados Unidos ya no será una influencia principal en el mundo. ¿Pero cómo puede ser esto, especialmente cuando esta nación juega un papel principal en el Oriente Medio hoy?

Primero, es posible que los Estados Unidos no se menciona en la profecía porque vendrá a ser un poder internacional de segunda clase de la noche a la mañana cuando Dios se lleve a los cristianos de la tierra, un evento programado para antes del principio del período de los siete años. Los verdaderos creyentes, que han puesto su fe en Jesucristo, serán llevados al cielo antes que el anticristo se revele. [7]

Hoy la mitad de todos los estadounidenses alegan que son "nacidos de nuevo", o creyentes en Jesucristo. Si solo una cuarta parte de ese número ha hecho una entrega personal genuina a Cristo, entonces unos veintiocho millones de estadounidenses de repente "desaparecerán" cuando Dios remueva su iglesia de esta tierra . [8]

¿Se pueden ustedes imaginar los efectos en ese país si unos veintiocho millones de personas —personal en la industria, el gobierno, el ejército, los negocios, la agricultura, la educación, la medicina, y las comunicaciones— desaparecen? Eso es aproximadamente el doble de la población entera de las ciudades de Nueva York, Los Angeles, Chicago, y Houston todas juntas.

La fluctuación económica de la década de los ochenta y aun la Gran Depresión palidecerán en comparación con el colapso político y económico que ocurrirá cuando esta sociedad de repente pierda individuos que eran su "sal y luz". Estados Unidos no podría sostener un ejército en el Oriente Medio porque los militares serían necesarios en el país para controlar el caos.

Segundo, es posible que Estados Unidos pudiera llegar a ser una sociedad de segunda clase *antes* que la iglesia sea quitada de la tierra. Ese país está ahora pasando por un tiempo de secularización sin precedente. En el pasado, Dios ha bendecido a Estados Unidos porque proveyó el terreno ideal para que Su Palabra echara raíces y floreciera. Sus principios fundamentales incluían la libertad de religión, y avivamientos religiosos barrieron a través del país durante el siglo diecinueve. Los misioneros de Estados Unidos llevaron las buenas nuevas de salvación mediante Jesucristo a las partes remotas del mundo, y con esas buenas nuevas vino adelanto en la agricultura, la medicina, el gobierno, y la moralidad.

Pero hoy ese país está declinando moralmente. Su búsqueda de libertad ha venido a tomar la libertad como pretexto para destruir los fundamentos morales y pisotear su herencia religiosa. Cuando un país deja de producir frutos de justicia, ya no puede esperar la bendición de Dios.

Más aun, Dios ha bendecido a Estados Unidos por su amistad con el pueblo judío y el estado de Israel. Cuando Dios llamó a Abraham, le prometió: "Bendeciré a los que te bendijeren, y a los que te maldijeren maldeciré" (Génesis 12:3). Ese principio todavía está vigente. Aunque los Estados Unidos no siempre han tratado a los judíos tan bien como debían, ese país todavía ha sido un cielo de refugio para los judíos que huyen de la persecución en otros países.

Los Estados Unidos fue el primer país en reconocer el estado de Israel, y ha sido fiel aliado de Israel y lo ha apoyado por las últimas cuatro décadas. En años recientes, sin embargo, su apoyo a Israel ha disminuido. En cuanto Estados Unidos le dé la espalda al estado de Israel, se habrá hecho enemigo de Dios. Esto no quiere decir que haya que aplaudir todo lo que Israel hace, pero nunca se debe dejar de afirmar el derecho de Israel a existir como una nación en la tierra que Dios le prometió.

Una tercera explicación posible de por qué los Estados Unidos no aparece en el cuadro de los últimos tiempos es más siniestra. Si fuera atacado en una guerra nuclear, aunque esto no parezca probable, podría ser eliminado del escenario de los eventos mundiales.

Cuarto, quizás sufra una derrota militar o simplemente se debilite su resolución nacional y aumenten sus tendencias al aislamiento.

Después de Vietnam, pocos de los estadounidenses deseaban envolverse en una guerra que les requiriera pagar un precio en recursos físicos o vidas humanas. Se caracterizan como una sociedad "instantánea", y quieren que sus guerras sean cortas, casi sin derramamiento de sangre, como en Granada o Panamá. Protestan ante la idea de una guerra larga que requiera un compromiso serio en dinero y vidas.

Pero algo menos que una victoria en la enconada situación actual en el desierto de la Arabia Saudita, o en cualquier guerra futura, debilitaría la resolución de los estadounidenses y los forzará a abdicar su papel como un líder mundial.

16
EL TIEMPO DE LA VENGANZA DEL SEÑOR

SI LOS ESTADOS UNIDOS NO ESTAN ENVUELTOS en los tiempos proféticos finales, ¿quién lo está? Isaías identifica dos grupos distintos de naciones que se reunirán para pelear contra Babilonia. El primer grupo no está específicamente identificado, pero Isaías describe su composición:

> Estruendo de multitud en los montes, como de mucho pueblo; estruendo de ruido de reinos, de naciones reunidas; Jehová de los ejércitos pasa revista a las tropas para la batalla. Vienen de lejana tierra, de lo postrero de los cielos.
>
> ISAIAS 13:4, 5

El ejército que se agrupa contra Babilonia es una gran multitud de muchas naciones, no del área del Golfo, sino de tierras lejanas. Esta fuerza multinacional destruirá no sólo a Babilonia, sino a todo el país.[1]

Escribiendo casi cien años después de Isaías, Jeremías profetizó la llegada de la misma fuerza internacional.

▷ Porque yo levanto y hago subir contra Babilonia reunión de grandes pueblos de la tierra del norte.... He aquí viene un pueblo del norte, y una nación grande y muchos reyes se levantarán de los extremos de la tierra. Arco y lanza manejarán; serán crueles, y no tendrán compasión; su voz rugirá como el mar, y montarán sobre caballos; se prepararán contra ti como hombres a la pelea, oh hija de Babilonia.

JEREMIAS 50:9, 41-42

Cuando la fuerza multinacional marche contra Babilonia, vendrá no de la dirección del sur de la península de Arabia, sino del norte. Avanzando a través de Turquía, Siria, o Jordania, el ejército poderoso se moverá de norte a sur contra la ciudad de Babilonia.

Un segundo grupo vendrá también contra los babilonios. Este grupo es identificado en Isaías 13:17 como "los medos". Este ejército aniquilará el pueblo de Babilonia:

▷ Cualquiera que sea hallado será alanceado; y cualquiera que por ellos sea tomado, caerá a espada. Sus niños serán estrellados delante de ellos; sus casas serán saqueadas, y violadas sus mujeres.... Con arco tirarán a los niños, y no tendrán misericordia del fruto del vientre, ni su ojo perdonará a los hijos.

ISAIAS 13:15-16, 18

Jeremías confirma que los medos serán parte de ese grupo que va a atacar a Babilonia (Jeremías 51:11, 28). ¿Quiénes son estos medos?

Algunos piensan que Isaías se estaba refiriendo a Ciro y a los persas que ocuparon a Babilonia en 539 A. C., pero Ciro entró a la ciudad sin batalla y con poco derramamiento de sangre. Así que, ¿quiénes son estos medos que vendrán y no tomarán prisioneros?

Los medos eran un pueblo que ocupaba el área montañosa del noroeste de Irán y noreste de Irak. Esta es el área ocupada por el pueblo kurdo hoy día. Ellos han estado peleando con Turquía, Irán, e Irak en un intento para establecer su propio país de Kurdistán independiente. Saddam Hussein mató cientos de sus mujeres y niños en 1987 y 1988 con gas venenoso; el odio del pueblo kurdo hacia el gobierno de Irak iguala el odio de los medos hacia los babilonios, descrito por el profeta Isaías. Los kurdos tomarán su venganza en las mujeres y niños de Babilonia.

Babilonia será destruida repentinamente

Babilonia, la ciudad que deseaba permanecer para siempre, caerá rápidamente bajo la mano fuerte del juicio de Dios. Dios se compara a Sí mismo "como un león subirá de la espesura del Jordán a la morada fortificada; porque muy pronto le haré huir de ella" (Jeremías 50:44).

Jeremías compara la caída de Babilonia a alguien que sufre una enfermedad repentina: "En un momento cayó Babilonia, y se despedazó; gemid sobre ella; tomad bálsamo para su dolor, quizá sane" (Jeremías 51:8).

Pero, contestando su propia pregunta, Jeremías entonces anuncia: "Ya no tiene remedio" (v. 9 BD). La enfermedad repentina de Babilonia será fatal.

La grande y repentina devastación de Babilonia no vendrá por un desastre natural. Ningún terremoto, fuego, o diluvio la destruirá. Babilonia caerá de repente en batalla.

▷ **Correo se encontrará con correo, mensajero se encontrará con mensajero, para anunciar al rey de Babilonia que su ciudad es tomada por todas partes.**

JEREMIAS 51:31

121

Un mensajero tras otro irrumpirá para anunciarle al rey de Babilonia que la ciudad está rodeada por todos lados. La caída de Babilonia será súbita y total.

Babilonia nunca volverá a ser habitada

▷ **Y Babilonia, hermosura de reinos y ornamento de la grandeza de los caldeos, será como Sodoma y Gomorra, a las que trastornó Dios.**

ISAIAS 13:19

En mis muchos viajes a Israel yo he tomado unas cuatrocientas diapositivas y fotografías, pero todavía tengo que tomar una foto de Sodoma o Gomorra. Cuando Dios destruyó estas ciudades en el tiempo de Abraham, "hizo llover sobre Sodoma y sobre Gomorra azufre y fuego" (Génesis 19:24). Estas ciudades fueron cubiertas con azufre ardiente y luego sumergidas en lo que es ahora el extremo sur del Mar Muerto. Desde el momento en que Dios las derribó, estas ciudades dejaron de existir y nunca más fueron habitadas como ciudades.

Isaías predijo que la destrucción de Babilonia igualará a la de Sodoma y Gomorra. A través de los siglos Babilonia ha sido tomada o partes de sus murallas han sido derribadas, pero nunca ha sido destruida completamente.

Jeremías prodijo que las torres de Babilonia caerán y sus murallas serán derribadas. Las moradas serán quemadas, y los cerrojos de sus puertas serán destruidos (Jeremías 50:15; 51:30). [6] Estas profecías no se cumplieron cuando Ciro tomó a Babilonia en 539 A. C. Babilonia la Grande nunca ha sido completamente destruida y arrasada.

▷ **[Babilonia] Nunca más será habitada, ni se morará en ella de generación en generación;**

> ni levantará allí tienda el árabe, ni pastores
> tendrán allí majada.

ISAIAS 13:20

Isaías aun añade que Babilonia "no será habitada ni morarán en ella de generación en generación". Las ciudades han sido ocasionalmente abandonadas por cortos períodos de tiempo debido a guerra, plaga, o hambre, pero virtualmente todas las ciudades fueron rehabitadas cuando el peligro hubo pasado. Pero una vez que Babilonia haya caído, nunca jamás volverá a ser habitada —por nadie, por ningún espacio de tiempo.

Jeremías también predijo la desolación completa de Babilonia. No sólo la ciudad principal estará deshabitada, sino que "sus ciudades fueron asoladas, la tierra seca y desierta, tierra en que no morará nadie, ni pasará por ella hijo de hombre" (Jeremías 51:43). Las aguas vivificadoras del río Eufrates se secarán, y la tierra de Irak se convertirá en un desierto desolado y árido. La tierra vendrá a ser totalmente inhabitable.

Los ladrillos inútiles de Babilonia

Cuando Robert Koldewey llegó a Babilonia al final del siglo diecinueve, halló secciones enteras de la ciudad que habían sido excavadas para llevarse los ladrillos. "Los sorprendentes abismos profundos y galerías que se ven en varios lugares deben su origen a la extracción de ladrillos que se ha llevado a cabo extensivamente durante las últimas décadas. Los edificios de la antigua Babilonia, con sus excelentes ladrillos cocidos al fuego, sirvieron aun en la antigüedad, quizás en los tiempos romanos, y ciertamente en los días de los partos, como una cantera para uso común". [2]

Los buenos ladrillos de Babilonia han estado en uso por siglos, pero después de su destrucción completa y final, Jeremías dice: "Y nadie tomará de ti piedra para esquina, ni

123

piedra para cimiento; porque perpetuo asolamiento serás, ha dicho Jehová" (Jeremías 51:26). Babilonia ni aun vivirá como parte de otra ciudad. Ni siquiera un ladrillo jamás se usará otra vez.

El pueblo de Dios tiene que huir de Babilonia

Debido a que Babilonia sufrirá una derrota sangrienta, Jeremías llama a cualquiera que desee salvar su vida a escapar de Babilonia: "Huid de en medio de Babilonia, y librad cada uno su vida" (Jeremías 51:6).

El profeta Daniel vivió en Babilonia en la misma noche que la ciudad cayó ante Ciro, y estaba estudiando las profecías de Jeremías (Daniel 9:1-2). Como Daniel no huyó aquella noche, parece probable que él entendió que esta no era la noche de la erradicación sangrienta y total de Babilonia. Pero cuando ese tiempo llegue, todo el que pueda leer y entender la Palabra de Dios debe huir de Babilonia e Irak lo más rápido posible.

El motivo de la destrucción

¿Por qué será juzgada Babilonia? Dios anuncia la caída de Babilonia por su pecado contra el pueblo de Dios y la destrucción de su templo. Pero los que destruyen a Babilonia no saben que ellos están actuando como los agentes de Dios. Ellos vienen para saquear a Babilonia, para despojarla de sus riquezas.[3] Lo que tenga Babilonia, ya sea petróleo u otra forma de riqueza, otras naciones lo desearán y lo tomarán.

Dios restaura a Israel

Después que Dios destruya a Babilonia, Jeremías nos dice qué pasará cuando la nación de Israel se reúna de nuevo:

◊ En aquellos días y en aquel tiempo, dice Jehová, vendrán los hijos de Israel, ellos y los hijos de Judá juntamente; e irán andando y llorando, y buscarán a Jehová su Dios. Preguntarán por el camino de Sion, hacia donde volverán sus rostros, diciendo: Venid, y juntémonos a Jehová con pacto eterno que jamás se ponga en olvido.

JEREMIAS 50:4-5

Después de la muerte del rey Salomón, los israelitas se dividieron en dos naciones separadas. El reino del norte, llamado Israel, se separó de los descendientes de David, estableció un sistema religioso falso, escogió reyes que no eran justos, y permaneció como un país independiente hasta que fue destruido como nación en 722 A. C. por los asirios.

El reino del sur, Judá, continuó manteniendo su capital en Jerusalén y fue gobernado por un descendiente de David hasta que la nación fue conquistada y destruida por los babilonios.

Después de la destrucción de Babilonia, ambas naciones regresarán a la tierra de promisión. Dios hará un nuevo pacto con ellos,[4] un pacto que será escrito "en sus corazones", de manera que ellos tengan el conocimiento de las normas justas de Dios y la aptitud interna para guardarlas.[5]

El nuevo pacto hará posible que sus iniquidades sean perdonadas. ¿Cómo? Proveyendo un sustituto que pagará la pena del pecado de la humanidad. El nuevo pacto prometido por Jeremías se inauguró con la muerte de Jesucristo en la cruz.

Isaías profetizó qué será lo próximo que le pase a Israel:

◊ Porque Jehová tendrá piedad de Jacob, y todavía escogerá a Israel, y lo hará reposar en su tierra; y a ellos se unirán extranjeros, y se juntarán a la familia de Jacob. Y los tomarán los pueblos, y los traerán a su lugar; y la casa de

Israel los poseerá por siervos y criadas en la tierra de Jehová; y cautivarán a los que los cautivaron, y señorearán sobre los que los oprimieron.

ISAIAS 14:1-2

Esta restauración profetizada por Isaías no ocurrió cuando un remanente de judíos regresó a la tierra después de la caída de Babilonia ante Ciro en 539 A. C., tampoco se cumplió cuando Israel regresó a la tierra en 1948. En ninguna de esas ocasiones Israel fue llevado de nuevo a su tierra por gentiles que juraron lealtad a Israel y le permitieron a Israel que gobernara sobre ellos.

Lo que Isaías estaba describiendo es el todavía futuro recogimiento de la nación de Israel que ocurrirá cuando Jesucristo regrese a la tierra para establecer su reino mesiánico. Dios traerá la nación de Israel y Judá de nuevo a la tierra prometida y les permitirá gozar los beneficios del nuevo pacto que comenzó con la muerte de Cristo. La nación experimentará la presencia del Espíritu Santo y conocerá total y completamente el perdón de pecado.

▷ En aquellos días y en aquel tiempo, dice Jehová, la maldad de Israel será buscada, y no aparecerá; y los pecados de Judá, y no se hallarán; porque perdonaré a los que yo hubiere dejado.

JEREMIAS 50:20

▷ Y derramaré sobre la casa de David, y sobre los moradores de Jerusalén, espíritu de gracia y de oración; y mirarán a mí, a quien traspasaron, y llorarán como se llora por hijo unigénito, afligiéndose por él como quien se aflige por el primogénito.... En aquel tiempo habrá un manantial abierto para la casa de

126

David y para los habitantes de Jerusalén, para
la purificación del pecado y de la inmundicia.

ZACARÍAS 12:10; 13:1

Israel y Judá experimentarán perdón de pecado cuando
vean a Jesucristo regresar a la tierra en su segunda venida.
Se darán cuenta de que El es su Mesías y que murió por
sus pecados, y se volverán a El como su Salvador.

El juicio de Babilonia servirá como un catalizador
que llevará a su culminación otros eventos del fin del
tiempo y guiará a la restauración de Israel y el establecimiento del gobierno de Cristo desde Israel sobre el
mundo entero.

A través de la historia, Babilonia ha representado el
colmo de la rebelión y oposición a los planes y propósitos
de Dios, de manera que Dios permite a Babilonia continuar
durante los días finales. Es casi como si El "la desafiara"
para un duelo final. Pero ahora, el conflicto entre Dios y
Babilonia termina definitivamente. La ciudad de Babilonia
será destruida, y la ciudad de Jerusalén será restaurada en
un pacto eterno de perdón.

17

BABILONIA EN EL LIBRO DE APOCALIPSIS

EL LIBRO DE APOCALIPSIS, CON TODA SUS visiones aterradoras de bestias, copas, y azufre, asusta y confunde a la mayoría de sus lectores. ¿Son todas un laberinto de visiones desconectadas sin esperanza, o es profecía que podemos entender? ¿Y qué dice el Apocalipsis acerca de lo que va a pasar en nuestro futuro?

Desde el primer capítulo hasta el último, el Apocalipsis alega ser una profecía de eventos futuros:

▷ La revelación de Jesucristo, que Dios le dio, para manifestar a sus siervos las cosas que deben suceder pronto.... No selles las palabras de la profecía de este libro, porque el tiempo está cerca.... He aquí yo vengo pronto.

APOCALIPSIS 1:1; 22:10,12

Los primeros capítulos de Apocalipsis, que escribió el apóstol Juan, se componen de siete cartas a siete iglesias diferentes. Pero comenzando en Apocalipsis 4:1, Cristo le dice a Juan: "Sube acá, y yo te mostraré las cosas que sucederán después de estas". El resto del libro de Apocalipsis se ocupa de eventos que todavía son futuros, y

● *Las murallas reconstruidas de la Vía Procesional se levantan de las ruinas de la antigua Babilonia.*

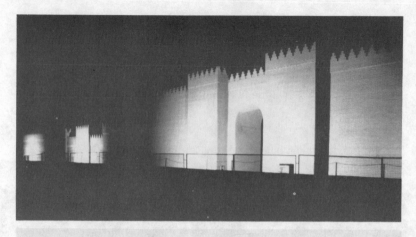

● ARRIBA: *La entrada al palacio del sur, de noche.*

● ABAJO: *El palacio del sur del rey Nabucodonosor reconstruido.*

● DERECHA: *Una vista de la puerta que lleva al palacio del sur.*

- ARRIBA: *La entrada al salón del trono del rey Nabucodonosor en el palacio del sur.*

- DERECHA: *Reconstrucción por Saddam Hussein de la Puerta de Istar a la mitad de su tamaño original.*

- DERECHA, INSERTADO ARRIBA: *Una figura de un buey en la Puerta de Istar original.*

- DERECHA, INSERTADO ABAJO: *Parte de la muralla original de la Puerta de Istar que muestra bajorrelieves de bueyes y dragones.*

FROM **NABUKHADNEZZAR** TO **SADDAM HUSSEIN**

BABYLON UNDERGOES A RENAISSANCE

BABYLON INTERNATIONAL FESTIVAL

FROM SEPTEMBER 22 TO OCTOBER 22 1987

● *Cartel para el Festival Internacional de Babilonia que presenta a Saddam Hussein y al rey Nabucodonosor.*

● DERECHA ARRIBA: *Las murallas reconstruidas de la Vía Procesional, la "Calle Principal" que lleva a Babilonia.*

● ABAJO: *Estos soldados iraquíes marchan por la Vía Procesional tal como lo hicieron los guerreros de Nabucodonosor. Pero note los zapatos de tenis del soldado en la última fila. Se le olvidó parte de su vestuario babilónico auténtico.*

- IZQUIERDA: *La reconstrucción del Templo de Ninmah visto desde la Puerta de Istar.*

- IZQUIERDA, INSERTADO ARRIBA: *Un modelo original del Templo de Ninmah, basado en excavaciones arqueológicas.*

- IZQUIERDA, INSERTADO ABAJO: *Una vista de cerca del Templo de Ninmah.*

- ARRIBA: *El río Eufrates todavía corre a través de Babilonia.*

● ARRIBA: *Reconstrucciones adicionales continúan en Babilonia.*

● DERECHA ARRIBA: *El teatro griego en Babilonia reconstruido acomoda cuatro mil personas.*

● DERECHA ABAJO: *Una dramatización en la primera noche del Festival de Babilonia le da tributo a Istar, diosa patrona de Babilonia.*

● *Un modelo del zigurat de la "Torre de Babel" cuya reconstrucción está planeada por el gobierno de Irak.*

● *La casa de huéspedes de Saddam Hussein, localizada en el centro de Babilonia.*

● Un retrato de Saddam Hussein saluda a los visitantes que entran a la ciudad de Samarra. Los retratos de Hussein están por todas partes en Irak.

● ARRIBA: Una ostentosa exposición de más de sesenta mil rifles capturados a Irán en los últimos meses de la guerra entre Irán-Irak. Un tanque de fabricación estadounidense (no está en el cuadro) tenía lugar especial de "honor" entre los despojos de guerra.

● *Niños vestidos con el uniforme de los pioneros iraquíes, rutinariamente gritan: "Nosotros moriremos por ti, Saddam". Sus uniformes están diseñados con un mapa del mundo árabe.*

política, con entendimiento de la historia de modo diferente de como las historias de los británicos y occidentales nos han enseñado acerca de esta área, y un sentir de que podemos reconsiderar estas fronteras políticas".

Jabra mira al telescopio de la historia y ve una "ola de nacionalismo árabe que barrerá a los jeques descalzos y a los señores feudales semianalfabetos" de la península arábica.

"Los árabes constituyen una nacionalidad que tiene el derecho de vivir dentro de un estado, libres para determinar su propio destino", según la constitución del Partido Baas.

JOHN YEMMA en el Boston Globe [1]

Casi dos mil años atrás el apóstol Juan profetizó que dos poderes mundiales prominentes se levantarían en los últimos días. La mujer, Babilonia, ganará tremendas riquezas y ejercerá control económico sobre Europa. La bestia, el Imperio Romano revivido, llegará a ser el poder militar dominante en la región, pero dependerá de Babilonia para el petróleo. La bestia tiene el poder militar para destruir a Babilonia si lo desea. Pero en la mayor parte del período de la tribulación, sin embargo, escoge no hacerlo, porque necesita su petróleo.

Finalmente, sin embargo, el anticristo y sus aliados marchan contra Babilonia, cumpliendo así las profecías de Isaías y Jeremías. Ellos vienen del norte, casi al final de los siete años de la tribulación. La última copa del juicio de Dios, reservada para el final del período de la tribulación, se derrama sobre Babilonia, y ella es destruida.

El significado de "Babilonia"

Los capítulos diecisiete y dieciocho de Apocalipsis se dedican por entero a la caída de Babilonia, y un coro celestial de aleluyas canta gozoso después de la derrota de

137

Babilonia (Apocalipsis 19:1-3). Pero, ¿se refiere Juan a Babilonia, la ciudad física, o a un grupo de varios poderes políticos y religiosos?

Muchos maestros de Biblia por mucho tiempo han creído que hay dos Babilonias distintas descritas en Apocalipsis 17 y 18: la primera, una Babilonia "religiosa" que será destruida por el anticristo en la mitad del período de la tribulación; y la otra, una Babilonia "económica", la ciudad capital del anticristo, que será destruida al final del período de la tribulación.

Pero yo estoy convencido de que la Babilonia que Juan describe es la Babilonia cuya existencia en el tiempo del fin y aniquilación subsecuente fueron profetizadas por los profetas Isaías, Jeremías, y Zacarías. Juan la describe en Apocalipsis 17 como una ramera, y un intérprete angelical le dice a Juan claramente: "Y la mujer que has visto es la gran ciudad que reina sobre los reyes de la tierra" (Apocalipsis 17:18). Es la ciudad de importancia mundial, una ciudad literal ha sido reedificada para los últimos días.

> Y la mujer estaba vestida de púrpura y escarlata, y adornada de oro, de piedras preciosas y de perlas, y tenía en la mano un cáliz de oro lleno de abominaciones y de la inmundicia de su fornicación; Y en su frente un nombre escrito, un misterio: BABILONIA LA GRANDE, LA MADRE DE LAS RAMERAS Y DE LAS ABOMINACIONES DE LA TIERRA.

APOCALIPSIS 17:4-5

Esto es exactamente como el profeta Zacarías describió la futura ciudad de Babilonia reconstruida. A Zacarías se le mostró una mujer que representaba la iniquidad y "maldad" de la gente. Ella sería llevada a Sinar, o Babilonia, y establecida otra vez como la ciudad que personifica toda la maldad. Ella es la "madre de las rameras y de las abominaciones" porque todo el mal de las naciones se remonta hasta el inicio de esta ciudad, la primera en desafiar la autoridad de Dios.

Apocalipsis 17 y 18 son similares. Ambos capítulos dicen que Babilonia, la "gran ciudad", va a la devastación; ambos especifican que será quemada; y ambos nombran a Dios como la fuente definitiva de su destrucción.

En ambos capítulos Babilonia se describe como una ciudad física, "adornada con púrpura y escarlata" y "adornada de oro, de piedras preciosas y de perlas". En ambos capítulos la ciudad posee un cáliz. En ambos capítulos Babilonia comete fornicación con los reyes de la tierra y hace que todas las naciones de la tierra caigan en un estado de embriaguez. En ambos capítulos Babilonia persigue al remanente de Dios que se opone al mal.[2]

> **Lo que ha hecho a Irak diferente de, digamos Egipto, es una combinación del orgullo cultural de Irak, su riqueza petrolera, su ideología altamente desarrollada, y la ambición de poder de Saddam Hussein. Aun sin él, el orgullo, la riqueza potencial y, probablemente, la ideología permanecerían.**
>
> **"Nosotros queremos hacer las cosas a nuestra manera", dijo Jabra, el de habla pausada. "Esa es la manera iraquí".**
>
> JOHN YEMMA en el Boston Globe [3]

"Nuestra propia manera" es la manera babilónica. Babilonia era orgullosa, reflejaba el excesivo orgullo de su Nabucodonosor. Juan escribe que Dios declara: "Cuanto ella se ha glorificado y ha vivido en deleites, tanto dadle de tormento y llanto; porque dice en su corazón: Yo estoy sentada como reina, y no soy viuda, y no veré llanto" (Apocalipsis 18:7).

> Algunos iraquíes dispuestos a hablar con reporteros occidentales ven la amenaza de guerra y la dificultad económica con una mezcla de bravuconería y fatalismo árabe. "Nosotros podemos vivir sin Pepsi", dijo un oficial iraquí. "Vivir con orgullo comiendo dátiles y pan es mucho mejor que comer McKintosh (dulces ingleses) y tomar Pepsi".

San José Mercury News [4]

Juan escribe que Babilonia es recordada durante el derramamiento de la séptima copa de juicio. Aunque sólo una Babilonia, se menciona.

▷ **Y la gran Babilonia vino en memoria delante de Dios, para darle el cáliz del vino del ardor de su ira.**

APOCALIPSIS 16:19

Inmediatamente después de este pronunciamiento, Juan relató la destrucción de "Babilonia la Grande", y continuó el tema de su destrucción a través de los dos capítulos siguientes. Y como Ladd ha hecho notar "el primer párrafo del capítulo diecinueve continúa la celebración de la caída de Babilonia y consiste de un cántico de acción de gracias en el cielo porque Dios ha juzgado a la gran ramera". [5]

▷ **Después de esto oí una gran voz de gran multitud en el cielo, que decía: ¡Aleluya! Salvación y honra y gloria y poder son del Señor Dios nuestro; porque sus juicios son verdaderos y justos; pues ha juzgado a la gran ramera que ha corrompido a la tierra con su fornicación, y ha vengado la sangre de sus siervos de la mano de ella. Otra vez dijeron: ¡Aleluya! Y el humo de ella sube por los siglos de los siglos.**

APOCALIPSIS 19:1-3

El orgullo del hombre es echado por tierra

Babilonia arde en la tierra, y los que están en el cielo se regocijan.

Antes de su destrucción, ella era "hermosura de reinos, y ornamento de la grandeza de los caldeos" (Isaías 13:19). Pero después de su erradicación, ella viene a ser "habitación de demonios y guarida de todo espíritu inmundo, y albergue de toda ave inmunda y aborrecible" (Apocalipsis 18:2).

> Dormirán allí las fieras del desierto, y sus casas se llenarán de hurones; allí habitarán avestruces, y allí saltarán las cabras salvajes. En sus palacios aullarán hienas, y chacales en sus casas de deleite.
>
> ISAIAS 13:21-22

La conclusión de Dios de "la historia de dos ciudades"

Hemos identificado y trazado a través de la Biblia "la historia de dos ciudades": Babilonia, la ciudad escogida por el hombre, y Jerusalén, la ciudad escogida por Dios.

Por un tiempo en el conflicto parecía como si la ciudad del hombre hubiera ganado la lucha. Babilonia amenazó la tierra y finalmente destruyó el reino de Dios en la tierra. El linaje de David fue arrancado del trono, y la ciudad de Jerusalén fue quemada hasta los cimientos

Pero Dios tenía otros planes tanto para Babilonia como para Jerusalén. En el libro de Apocalipsis, Juan describió dos grandes ciudades:

> Sus cadáveres estarán en la plaza de la grande ciudad que en sentido espiritual se llama Sodoma y Egipto, donde también nuestro Señor

fue crucificado.... Entonces hubo relámpagos y voces y truenos, y un gran temblor de tierra, un terremoto tan grande, cual no lo hubo jamás desde que los hombres han estado sobre la tierra. Y la gran ciudad fue dividida en tres partes, y las ciudades de las naciones cayeron; y la gran Babilonia vino en memoria delante de Dios, para darle el cáliz del vino del ardor de su ira.

APOCALIPSIS 11:8; 16:18-19

La primera gran ciudad es Jerusalén. El relámpago, trueno, y terremoto señala el final del período de la tribulación. La gran ciudad de Jerusalén se divide en tres partes, las ciudades de las naciones caen, y Dios recuerda a Babilonia la grande.

· Babilonia está destinada a la devastación, pero Jerusalén está destinada a la liberación. Babilonia es la gran ramera; Jerusalén es "la desposada del Cordero" (Apocalipsis 21:9). Babilonia está vestida de púrpura y escarlata, y adornada de oro, piedras preciosas, y perlas; Jerusalén brilla con la gloria de Dios, "Y su fulgor era semejante al de una piedra preciosísima, como piedra de jaspe, diáfana como el cristal" (Apocalipsis 21:11). Babilonia se sienta sobre una bestia escarlata (Apocalipsis 17:3), pero Jerusalén desciende del cielo de Dios (Apocalipsis 21:10).

Cuando el telón final de Dios caiga en el escenario del mundo, sólo una de estas ciudades permanecerá, y ésta permanecerá para siempre.

19

ESCUDRIÑANDO EL HORIZONTE

UNA NOCHE CRISTO SALIO CON SUS DISCIPULOS del bello templo de Herodes y descendieron al valle del Cedrón. De espaldas al sol de la tarde, comenzaron a subir la larga cuesta del Monte de los Olivos hacia la aldea de Betania en el extremo opuesto de la cordillera. Los discípulos mirando atrás al templo, y maravillados de su tamaño y belleza se conducían como turistas incautos mientras señalaban al edificio.

Jesús interrumpió sus pensamientos cuando declaró: "¿Veis todo esto? De cierto os digo, que no quedará aquí piedra sobre piedra, que no sea derribada" (Mateo 24:2).

Las palabras de juicio de Cristo asombraron a los discípulos. Ellos asumieron que El estaba describiendo los tiempos de angustia que precederían al establecimiento del reino de Dios en la tierra, y sus pensamientos se agitaban mientras subían la montaña. Cuando finalmente hicieron una pausa para descansar, los discípulos se acercaron a Jesús y tranquilamente pidieron más información: "Dinos, ¿cuándo serán estas cosas, y qué señal habrá de tu venida y del fin del siglo?" (Mateo 24:3).

Tal como la gente hoy, los discípulos querían saber *cuándo* vendrían los tiempos del fin. También estaban ansiosos por conocer las "señales de los tiempos", para poder discernir el significado de los eventos mundiales.

Cristo contestó a sus discípulos, y sus palabras mostraron un cuadro del tiempo que predecería a Su segunda venida a la tierra. El enfatizó dos puntos: primero, nadie debe establecer una fecha específica.

> Pero del día y la hora nadie sabe, ni aun los ángeles de los cielos, sino sólo mi Padre. Velad, pues, porque no sabéis a qué hora ha de venir vuestro Señor. Por tanto, también vosotros estad preparados; porque el Hijo del Hombre vendrá a la hora que no pensáis.

MATEO 24:36, 42, 44

Los fijadores de fechas siempre estarán equivocados. Ningún individuo puede saber exactamente el día o la hora cuando los eventos futuros de Dios acontecerán. Es antibíblico y contraproducente fijar una fecha. Además, Cristo dice a aquellos que entienden su mensaje: "Velad".

El segundo punto de Cristo balancea al primero. Nadie conocerá exactamente cuando el reloj profético de Dios comenzará a andar, pero es de esperarse que Dios tiene que comenzar a arreglar el escenario para el acto final de Su drama. Puede que todavía los actores no estén en él escenario, pero sí todo lo necesario está en su lugar y las luces comienzan a apagarse, usted puede estar seguro de que pronto comenzará el acto final.

Cristo expresó esta idea utilizando una metáfora del ámbito del agricultor: ·

> De la higuera aprended la parábola: Cuando ya su rama está tierna, y brotan las hojas, sabéis que el verano está cerca. Así también vosotros, cuando veáis todas estas cosas, conoced que está cerca, a las puertas.

MATEO 24:32-33

144

Los discípulos no podían saber en cuanto a horas y días, pero sí podían observar las estaciones del año. Tal como el reverdecer de la higuera anuncia el verano, así el alineamiento de las naciones y eventos claves podrían ser el heraldo del evento final de Dios.

Tres señales específicas

¿Cuáles son las señales específicas que pueden servir como indicaciones del programa de Dios del tiempo del fin para el mundo. Yo creo que hay tres.

Primera, la nación de Israel tiene que estar en existencia antes que el tiempo de los siete años finales de tribulación comiencen en la tierra. Desde 1948 esta señal ha estado en efecto. Israel es la más crucial de las tres señales porque está en el centro del programa de Dios para el tiempo del fin.

La segunda señal de Dios es el Imperio Romano revivido. Un poder mundial tiene que surgir dentro de los límites del antiguo Imperio Romano. En Daniel 7 y Apocalipsis 13, Dios indica que este poder del tiempo del fin tomará la forma de una confederación de diez naciones que ejercerá control político y militar sobre el resto del mundo.

El Imperio Romano ocupó mucho de lo que hoy es Europa y la cuenca del Mediterráneo. Hasta finales de la década de los ochenta parecía imposible que esta región jamás pudiera unirse. El continente parecía irremediablemente dividido entre la OTAN y las fuerzas del Pacto de Varsovia, cada una dispuesta a destruir a la otra. Dentro de Europa Occidental el Mercado Común ha fallado en su meta de unir y fortalecer la comunidad europea.

Pero entonces vinieron los eventos traumáticos de 1989 y 1990. Repentinamente Europa entró en una nueva era. La Guerra Fría terminó, El Pacto de Varsovia murió, y la Comunidad Económica Europea sigue forjando planes para una Europa fuerte y unida.

La segunda señal no está todavía en efecto, pero

podemos observar la escena política europea con interés. La Biblia predice que diez naciones se unirán. Juntas, ellas tendrán un tremendo poderío militar e influencia económica sobre el resto del mundo. La inestabilidad inherente a varios países y culturas dentro de la Comunidad Económica Europea continuará representando problemas, pero esto parece ajustarse a la descripción que hace Daniel del cuarto imperio, como una mezcolanza de naciones, de modo que "se mezclarán por medio de alianzas humanas; pero no se unirán el uno con el otro" (Daniel 2:43).

La tercera señal segura es la reconstrucción de Babilonia. La ciudad de rebelión, donde la humanidad primero se unió contra Dios de nuevo será la escena del crimen al final de los tiempos. Dios permite que la maldad llegue a completar un círculo y termine en el mismo lugar donde comenzó.

Las excavaciones modernas en las ruinas de la antigua Babilonia comenzaron en el 1950, pero el trabajo fue lento y se hizo poco progreso por cerca de tres décadas. Pero después que Saddam Hussein asumió el control absoluto de Irak, el paso se apresuró.

No solamente Babilonia ha de existir, también tiene que servir como la capital de un imperio económico que tenga un dominio completo sobre el mundo. Babilonia ejercerá control económico sobre el Imperio Romano revivido y sobre "pueblos, muchedumbres, naciones y lenguas" (Apocalipsis 17:15). Su influencia será mundial.

El apóstol Juan no especificó qué capacitará a la ciudad para ejercer tanto poder, pero predijo que le traería riquezas increíbles. Los "mercaderes de la tierra" llorarán cuando Babilonia sea destruida, "porque ninguno compra más sus mercaderías" (Apocalipsis 18:11); y los capitanes llorarán su pérdida, porque los que tenían naves en el mar se habían enriquecido de sus riquezas" (Apocalipsis 18:19).

Casi dos mil años después que Juan escribió sus extraordinarias predicciones, nosotros sabemos lo que puede traer tales riquezas increíbles a la que de otro modo sería una parte improductiva del globo. ¡Petróleo! ¡El oro negro! Un líder de Irak algún día gobernará otra vez desde la ciudad de Babilonia. El controlará la riqueza petrolera del Oriente Medio, ¡un enorme cincuenta por ciento de las reservas pretroleras que se conocen en el mundo! Este cartel de un solo hombre controlará el destino económico del Oeste. Y derrochará mucho de su riqueza en reconstruir su ciudad capital de Babilonia.

Pero al final de este período de siete años, el gobernante mundial europeo se cansará de las tácticas de chantaje global que Babilonia ha ejercido. Otra fuerza militar multinacional viajará al Oriente Medio. Esta fuerza entrará en Irak desde el noroeste y atacará por el norte. Babilonia e Irak serán hechas añicos.

Después de aplastar a Babilonia, este gobernador mundial viajará a Israel para terminar con el país que ha perseguido por tres años y medio. Sus ejércitos acamparán en el valle de Jezreel al pie del antiguo "tell" de Meguido en el norte de Israel. Aquí, en el "monte de Meguido" —Armagedón— se peleará la última gran batalla de esta era. Jesucristo regresará del cielo con sus huestes para terminar con la maldad y la aflicción y comenzar su reino sobre la tierra. Entonces Israel finalmente habitará segura en la tierra prometida a Abraham.

¿Qué significa esto para usted?

Tres señales, todas apuntando a los tiempos del fin. Cuando las tres finalmente converjan, el escenario estará listo para el drama más catastrófico y mortífero de todos los tiempos. Cuando vemos desarrollarse los eventos en el Oriente Medio, nos parece que estos acontecimientos pudieran ocurrir pronto. ¿Cuál entonces debe ser nuestra respuesta?

La respuesta suya dependerá de dónde usted esté en relación con Dios. Dios ha afirmado claramente en la Biblia que Su deseo fundamental para la humanidad es vida eterna —vida hasta la plenitud tanto ahora como en la eternidad.

> **Yo he venido para que tenga vida, y para que la tengan en abundancia.**

JESUCRISTO, en JUAN 10:10

Una mirada al mundo de hoy y nos damos cuenta de que el don de Dios de vida eterna a plenitud es un artículo precioso y raro. El mundo está inundado de amarguras, odios, luchas, guerras, drogas, depresión, y muerte. Si Dios tiene una meta tan alta como la vida eterna plena para este mundo, ¿por que estamos ensuciados en la inmundicia, existiendo en un estado de bancarrota y confusión moral y ética?

La Biblia dice que nuestro problema es el pecado: "Por cuanto todos pecaron, y están destituidos de la gloria de Dios" (Romanos 3:23). Hemos escogido conscientemente desviarnos de las normas establecidas por Dios. Se ha abierto un abismo entre la humanidad y Dios, y ese abismo es demasiado grande para que se pueda cruzar mediante el esfuerzo humano.

La justicia demanda que aquellos que son culpables de un crimen tienen que pagar las consecuencias. Nosotros hemos violado las normas de Dios, y la pena por nuestra violación es muerte eterna —separación de Dios ahora y por la eternidad. "Porque la paga del pecado es muerte" (Romanos 6:23).

Desde el Diluvio el hombre ha estado construyendo su "torre de Babel", tratando de hallar alguna manera de alcanzar el cielo por sí mismo. Estamos en una búsqueda incesante por un camino que nos dé satisfacción, felicidad, significado, o cumplimiento, pero la búsqueda del hombre siempre termina en un abismo oscuro de desesperación ¿No hay un camino para cruzar el abismo causado por el pecado y alcanzar la realización prometida por Dios?

Dios mismo proveyó la solución para nuestro dilema.

> **Porque de tal manera amó Dios al mundo, que ha dado a su Hijo unigénito, para que todo**

**aquel que en él cree, no se pierda, mas tenga
vida eterna.**

JUAN 3:16

El pecado requiere un pago, pero Dios nos amó a cada uno
de nosotros tanto, que envió a su Hijo, Jesucristo, a morir
en nuestro lugar. Cuando Cristo murió en la cruz, El lo hizo
para pagar la penalidad eterna por los pecados de toda la
humanidad. El murió en lugar de usted para pagar por sus
malas acciones. De hecho, El vino a ser el puente que salva
el abismo que separa al hombre de Dios. Dios mostró que
el pago que Cristo realizó fue suficiente por permitirle
resucitar de entre los muertos.

Cristo ha provisto el único camino para que el hombre pueda cruzar del lado de la desesperación al lado de la
vida eterna. Cristo dijo, "Yo soy el camino, y la verdad, y
la vida; nadie viene al Padre, sino por mí" (Juan 14:6).

¿En cuál lugar de ese abismo está usted? ¿Está
todavía tratando de edificar su propia torre para llegar al
cielo, para alcanzar a Dios por sí mismo? ¿Está luchando a
través de la vida buscando otros caminos para salvar el
abismo entre su vida presente y la vida que usted sabe por
intuición sería posible?

Este mundo no va a mejorar, y usted lo sabe. Si algo
ha aprendido de este libro, es que Dios va a traer un tiempo
de problemas incomparables sobre la tierra en los días
venideros. Mientras que algunos están anunciando un
orden nuevo de paz y prosperidad, la Palabra de Dios pinta
un cuadro de caos mundial, guerra brutal, desastres ambientales, y colapso económico. El hombre está tratando de
edificar una torre para llegar al cielo, pero esa torre está
próxima a caer.

La buena noticia es que hoy, ahora mismo, usted
puede pasar de muerte a vida poniendo su confianza para
vida eterna en lo que Cristo ya hizo por usted. ¿Cree usted
que cuando Jesús murió en la cruz, El murió por sus
pecados? ¿Está usted dispuesto a confiar en El para su
destino eterno —a poner su vida en sus manos? Si es así,
usted puede orar una oración simple como la que sigue:

Querido Señor, yo sé que mi vida es un desastre y estoy separado de ti. También sé y creo que tú enviaste a tu Hijo Jesucristo, a la tierra para morir en la cruz para pagar la pena de mi pecado. Ahora yo quiero poner mi confianza en Jesucristo como el sustituto por mi pecado. Por favor, perdóname y dame vida eterna. En el nombre de Cristo te pido esto. Amén.

Si hizo esta oración con sinceridad, ¡bienvenido al otro lado del abismo! Usted ha pasado de muerte a vida. Ahora es un ciudadano de la ciudad celestial de Jerusalén donde morará con Dios por toda la eternidad. Pero no tiene que esperar hasta el tiempo futuro para gozar de los beneficios de la vida eterna. Dios le puede proveer de vida abundante hoy.

Lea la Biblia para que sepa lo que Dios puede hacer en su vida. Le sugiero que comience leyendo el Evangelio de Juan para que aprenda más acerca de Jesucristo. Empiece a orar y a compartir sus necesidades, temores, y deseos más profundos con Dios. Como su Padre celestial, El desea oír de usted. Y únase a un grupo de personas que también se hayan entregado a Cristo. Deje que ellos le ayuden a conocerlo mejor.

Lo que la profecía significa para el creyente

Si ya usted ha puesto su confianza en Cristo, ¿qué puede hacer con lo que ha aprendido de este libro? Yo creo que Dios nos da la revelación del futuro por tres razones.

Tenemos esperanza en tiempos desalentadores. El mundo se está ahogando en desaliento e incertidumbre. Ya sea que hablen de la economía, la política, el Oriente Medio, el crimen, las drogas, o aun del tiempo, la gente en su mayoría siente como que ha perdido el control de su destino. Pero Dios nos ha dado vislumbres del futuro para recordarnos que El está en control de todo.

No solamente sabemos lo que pasará en la tierra durante el tiempo de tribulación venidero, sino que también sabemos nuestro destino personal. Los cristianos son las únicas personas que pueden acercarse a la muerte con certidumbre, porque Dios ha revelado cómo será nuestro estado al otro lado de la tumba. El Dios que está en control del universo sabe cada una de nuestras necesidades. El está en control de todo, y porque El está en control nosotros tenemos esperanza: "Y sabemos que a los que aman a Dios, todas las cosas les ayudan a bien, esto es, a los que conforme a su propósito son llamados" (Romanos 8:28).

Podemos permanecer puros en tiempos de tentación. El mundo trata de tentar a los creyentes a que inviertan en un sistema que está en bancarrota. "Tú sólo vives una vez; ¡tienes que darte todo el gusto que puedas!" "¡No hay nada mejor que esto!" "¡Si te gusta, hazlo!"

¿Cómo pueden los creyentes rechazar la tentación de hacer de la búsqueda del placer la meta principal en la vida. Después de enfocar los cambios catastróficos que Dios traerá a la tierra, Pedro ofrece una respuesta:

> **Puesto que todas estas cosas han de ser deshechas, ¡cómo no debéis vosotros andar en santa y piadosa manera de vivir, esperando y apresurándoos para la venida del día de Dios, en el cual los cielos, encendiéndose, serán deshechos, y los elementos, siendo quemados, se fundirán!... Por lo cual, oh amados, estando en espera de estas cosas, procurad con diligencia ser hallados por él sin mancha e irreprensibles, en paz.**
>
> 2 PEDRO 3:11-12, 14

Es más fácil resistir la tentación cuando uno sabe lo que sus acciones traerán al final. Por describir la destrucción de la tierra y las glorias de los cielos, Dios nos motiva a "hacer tesoros en el cielo" antes que vivir para los placeres terrenales.

Somos estimulados a compartir las buenas nuevas de Dios con otros. Pablo escribió el libro de 2 Timoteo desde una celda de una prisión. Conociendo que su muerte estaba próxima, él escribió para estimular a Timoteo, quien enfrentaría tiempos difíciles en el futuro. Pablo basó uno de sus ruegos más significativos no en eventos actuales, sino en el plan profético de Dios para el mundo.

> **Te encarezco delante de Dios y del Señor Jesucristo, que juzgará a los vivos y a los muertos en su manifestación y en su reino, que prediques la palabra; que instes a tiempo y fuera de tiempo; redarguye, reprende, exhorta con toda paciencia y doctrina... haz obra de evangelista.**
>
> 2 TIMOTEO 4:1-2, 5

Pablo sabía que venían problemas, pero el miró más allá del peligro inmediato y vio el destino eterno de toda la raza humana en la balanza. El abismo permanece, pero el camino para cruzarlo y pasar de muerte a vida ha sido establecido mediante la muerte de Cristo. A la luz del juicio futuro de Dios a la humanidad y a la luz de la segunda venida de Cristo, Pablo insta a Timoteo a dar la oportunidad de oír las buenas nuevas de Dios de la vida eterna a tantos como sea posible.

El mensaje de Dios de Babilonia y Jerusalén, la historia bíblica de dos ciudades, no es un clamor borroso y olvidado; sino más bien una ventana al futuro para todo el que quiera mirar adelante en el tiempo.

Este mensaje de Dios no fue dado con la intención de llenar la cabeza, sino cambiar el corazón. Si estos eventos van a suceder (¡y ciertamente sucederán!), ¿qué diferencia debiera hacer esto en la vida de usted? La contestación a esta pregunta podría muy bien determinar su destino eterno.

Y un ángel poderoso tomó una piedra,

como una gran piedra de molino,

y la arrojó en el mar, diciendo:

Con el mismo ímpetu será derribada

Babilonia, la gran ciudad,

y nunca más será hallada.

APOCALIPSIS 18:21
LA BIBLIA

NOTAS

NOTA PARA LA EDICION EN ESPAÑOL:
Esta bibliografía se incluye para el uso de aquellos que pueden leer el inglés, idioma en que originalmente fue escrita esta obra, y para dar crédito a las fuentes de las cuales se valió el autor para información o apoyo. Se ha dejado sin traducir porque casi todas las obras citadas (especialmente las revistas, documentos y entrevistas) existen sólo en el idioma inglés.

CAPITULO UNO. **Babilonia: Levantándose de las cenizas del tiempo**

1. John Burns, "New Babylon is Stalled by a Modern Upheaval", *New York Times International*, 11 de Octubre de 1990, p. A13.

CAPITULO DOS. **Un mandato real**

1. Paul Lewis, "Nebuchadnezzar's Revenge: Iraq Flexes its Muscles by rebuilding Babylon", *San Francisco Chronicle*, 30 de abril de 1989.
2. Antonio Caballero, "Rebuilding Babylon", *World Press Review*, febrero de 1990, p. 74.
3. Amy E. Schwartz, "Saddam Hussein's Babylon", *Washington Post*, 4 de abril de 1990, p. A27.
4. Schwartz, "Saddam Hussein's Babylon".
5. Michael Ross, "Can Babylon Relive Its Glory Days?" *Los Angeles Times*, 16 de enero de 1987.
6. Lewis, "Nebuchadnezzar's Revenge".
7. Ross, "Can Babylon Relive Its Glory Days?"
8. Subhy Haddad, "Babylon is Being Rebuild to Lure Tourists and Build Iraqi Morale", *Philadelphia Inquirer*, 10 de octubre de 1986.

CAPITULO TRES. ¿Por qué reconstruir a Babilonia?

1. Michael Ross, "Can Babylon Relive Its Glory Days?" *Los Angeles Times*, 16 de enero de 1987.
2. *Newsweek*, 13 de agosto de 1990, p. 23.
3. *Babylon* (Baghdad: Organización Estatal de Antigüedades y Patrimonio, 1982).
4. Paul Lewis, *New York Times International*, 19 de abril de 1989, p. 4Y.
5. Lewis, *New York Times International*.
6. *Baghdad Observer*, 23 de septiembre de 1987, p. 1
7. Amy Schwartz, "Saddam Hussein's Babylon," *Washington Post* 4 de abril de 1990, p. A27.
8. Lewis, *New York Times International*.
9. Baghdad Observer, p.2.
10. Folleto para el Festival Internacional de Babilonia del 22 de septiembre de 1987.
11. John Burns, "New Babylon is Stalled by Modern Upheaval", *NewYork Times International*, 11 de octubre de 1990, p. A13.

CAPITULO CUATRO. EL origen rebelde de Babilonia

1. Génesis 9:22-25.
2. Brown, Driver, and Briggs, *A Hebrew and English Lexicon of the Old Testament*, s. v. *"nimrod"*, p. 650.
3. H. L. Ellison, "Genesis 1-11", in *The International Bible Comentary*, ed. F. F. Bruce (Grand Rapids: Zondervan Publishing House, 1986), pp. 122-23.
4. William White, *Dictionary of Biblical Archelogy*, s. v. "Babylon, City of", p. 86.
5. D. J. Wiseman, *Nebuchadnezzar and Babylon* (London: Oxford University Press, 1985), p. 68.
6. Gerthard Von Rad, *Genesis: A Commentary*, revised ed. (Philadelphia: Westminster Press, 1961), p. 149.

CAPITULO CINCO. La historia de dos ciudades

1. Charles Dickens, *A tale of two Cities* (New York: Nelson Doubleday), p. 9.
2. San Augustín, *La ciudad de Dios*.
3. James Monson, *The Land Between: A Regional Study Guide to the Land of the Bible* (Jerusalén: publicado por el autor, 1983), p. 14.
4. Para más lectura, vea la epístola a los Hebreos, capítulo 7.

CAPITULO SEIS. **La pesadilla de la política extranjera de Judá**

1. Gerald Larue, *Babylon and the Bible* (Grand Rapids: Baker Book House, 1969), p. 5
2. Gerrit P. Judd, *A History of Civilization* (New York: Macmillan Company, 1966), p. 26.
3. Este evento es tan significativo que también se halla en Isaías 39:1-8 y en 2 Crónicas 32:31.
4. Daniel David Luckenbill, ed., *The Annals of Sennacherib* (Chicago: University of Chicago Press, 1924), p. 24.
5. "Taylor Prism", in *Documents from Old Testament Times*, ed. D. Winton Thomas (New York: Thomas Nelson and Sons, 1958), p. 67.
6. 2 Crónicas 32:24 y 2 Reyes 20:8-11.

CAPITULO SIETE. **Contaminado por Babilonia**

1. F. F. Bruce, *Israel y las naciones* (Grand Rapids: Publicaciones Portavoz Evangélico, 1979), P. 106.
2. J. B. Bury, S. A. Cook, and F. E. Adcock, eds, *Cambridge Ancient* History, 12 vols. (Cambridge: At the University Press, 1929), 3:209. Los egipcios habían estado enviando fuerzas para ayudar a los asirios desde el 616 A. C. y habían continuado haciéndolo así hasta esta batalla en 609 A. C.
3. 2 Crónicas 36:2-4.
4. Jeremías 26:2-3
5. Donal J. Wiseman, *Chronicles of the Chaldean Kings* (626-556B. C.) in the British Museum (London: Trustees of theBritish Museum, 1956), pp. 67-69.
6. Daniel 1:3, 6.
7. Daniel 1:2
8. Wiseman, *Chronicles of the Chaldean Kings*, p. 71.

CAPITULO OCHO. **La edad de la confrontación**

1. Wiseman, *Chronicles of the Chaldean Kings* (626-556 B. C.) in the British Museum (London: Trustes of the British Museum,1956), p. 73.
2. John Bright, *A History of Israel, third ed.* (Philadelphia:Westminster Press, 1981), p. 327.
3. Jeremías 22:18-19
4. Jeremías 28:1-4, 10-11; 29:20-21.
5. Jeremías 27:3.
6. Jeremías 27:1-15
7. Jeremías 51:59
8. William H. Shea, "Daniel 3: Extra-Biblical texts and the Convocation on the Plain of Dura", *Andrews University Seminary Studies* 20 (Primavera de 1982): 29-52.

9. 2 Reyes 25:1; Jeremías 39:1; 52:4; Ezequiel 24:1
10. Lamentaciones 2:20, 4:10; Ezequiel 5:10, 12.
11. Jeremías 37:5.
12. Ezequiel 5:12
13. Michael Dobbs, "Babylon Fights for New Reputation, Besmirched Long Ago", *San Jose Mercury News*, 2 de enero de 1987, p. 5C

CAPITULO NUEVE. La "Cabeza de oro" de la historia
1. Ver Daniel, capítulo 4.

CAPITULO DIEZ. El rey que comió hierba
1. Robert Koldewey, *The Excavations at Babylon*, traducido por Agnes S. Johns (London: Macmillan and Company, 1914), pp. 1-12.
2. Robert Koldewey, *Excavations*, p. 168.
3. A. K. Grayson, *Assyrian and Babylonian Chronicles*, Textos de fuentes cuneiformes (Locust Valley, NY: J.J. Augustin Publisher, 1975), pp. 109-10.
4. Palabras inagurales de Latif Nsayyif Jassim, Ministro de Información y Cultura en la apertura del Festival de Babilonia (*Baghdad Observer*, 23 de septiembre de 1987, p. 2).
5. Michael Dobbs, "Babylon Fights for New Reputation, Besmirched Long Ago", *San Jose Mercury News*, 2 de enero de 1987, p. 5C.
6. Herodoto 1.191.

CAPITULO ONCE. Conquistada pero no destruida
1. James B. Pritchard, *Ancient Near Eastern Texts Relating to the Old Testament*, Third Edition (Princeton: Princeton University Press, 1969), p. 316.
2. A. K. Grayson, *Assyrian and Babylonian Chronicles*, Textos de fuentes Cuneiformes (Locust Valley, NY: J.J. Augustin Publisher, 1975), p 110.
3. Pritchard, *Ancient Near Eastern Texts*, p. 316.
4. Herodoto 3.159.
5. Arrian *Anabasis of Alexander* 7.17.2.
6. Arrian *Anabasis of Alexander* 7.19.4.
7. Geografía de Estrabón 16.1.5.
8. Josefo, *Antigüedades de los judíos* 15.2.2.
9. Dión, *Historia de los romanos* 68.30.1.
10. Pausanias 8.33.3.
11. M. N. Adler, "Benjamin of Tudela, Itinerary of", *Jewish Quarterly Review* 17 (1905): 514-30.

12. Tony Horwitz, "Paranoia Runs Deep in Iraqi Sands", *Washington Post,* 20 de noviembre de 20, 1988, p. E1.

13. Robert Koldewey, *The Excavations at Babylon*, traducido por Agnes S. Johns (London: Macmillan and Company, 1914), pp.11-12.

CAPITULO DOCE. Los dos tiranos

1. Marc Duvoisin, "Iraqi Leader Hussein Has Long Commanded Fear", *Philadelphia Inquirer*, 3 de agosto de 1990, p. A8.

2. Janet Cawley, "Hussein Doesn't Deny "Butcher of Baghdad' Nickname", *Chicago Tribune,* 3 de agosto de 1990, p. 4C.

3. David Lamb, "The Line in the Sand", *Los Angeles times*, 25 de noviembre de 1990, p. 4T.

4. Ariel Sharon en una entrevista con Nathan Gardels, "Perspective on the Middle East", *Los Angeles Times*, 6 de noviembre de 1990, p. 7B.

5. Entrevista con Sharon.

6. Faisal I citado por Charles A. Radin, "Ancient Splits, Colonial Legacy Weigh on Iraq, "*Boston Globe*, 20 de agosto de 1990, p. 4C.

7. Duvoisin, "Iraqi Leader Hussein".

8. Saddam Hussein citado por David Lamb, "Saddam Hussein Held Hostage by His Obsession with the Arab Myth", *Los Angeles Times*, 12 de octubre de 1990, p. 14A.

9. "Iraq Rebuilds Babilon as Resistance Symbol", *Tampa Tribune Times*, 27 de septiembre de 1987, p.2.

10. *Baghdad Observer,* 23 de septiembre de 1987, p.2.

11. *From Nebuchadnezzar to Saddam Hussein, Babylon Rises Again* (Bagdad: Ministerio de Información y Cultura, Departmento de Información, 1990).

CAPITULO TRECE. El nieto de los babilonios

1. Saddam Hussein citado por David Lamb, "Saddam Hussein Held Hostage by His obsession with the Arab Muth", "*Los Angeles Times*", 12 de octubre de 1990, p. 14A.

2. Lamb, "Saddam Hussein Held Hostage".

3. Walter Laqueur, "Like Hitler, but Different", *Washington Post*, 31 de agosto de 1990, p. A25.

4. Carol Morello, "Iraqi Despot Seeks His Own Grand Era", *Philadelphia Inquirer*, 29 de junio de 1990, p. A1.

5. Associated Press, "Firm Grip of Iraq's Hussein Lies Deep in Nation's Roots", San Jose *Mercury News*, 10 de marzo de 1987, p.12D.

6. Daniel Williams, "The New King of Babylon?" *Los Angeles Times*, 6 de septiembre de 1990, p. 7A.

7. Hussein citado por Lamb, "Saddam Hussein Held Hostage".

8. David Lamb, "The Line in the Sand", *Los Angeles Times*, 25 de noviembre de 1990, p. 4T.

9. Referencias de David Lamb a "The World Fact Book 1990", de la Agencia Central de Inteligencia; "The Military Balance 1990-91", del Instituto Internacional para Estudios Estratégicos; y datos del Centro para la Defensa e Información (*Los Angeles Times*) 25 de noviembre de 1990, p. 4T).

10. Lamb, "The Line in the Sand".

11. Nick B. Williams, Jr., "Buildup Will Force Some War-or-Peace Decisions", *Los Angels Times*, 13 de noviembre de 1990, p. 1A.

12. Timothy J. McNulty y George de Lama, "Superpowers on the Spot", *Chicago Tribune*, 5 de agosto de 1990, p. 1C.

13. Lamb, "The Line in the Sand."

14. Lamb, "The Line in the Sand".

15. Lamb, "The Line in the Sand".

16. Lisa Beyer, "Siding with the U. S. Sheriff", *Time*, 3 de diciembre de 1990, p. 70.

17. Beyer, "Siding with the U. S. Sheriff",

18. Lamb, "The Line in the Sand",

19. Lamb, "The Line in the Sand".

20. *Wall Street Journal*, 8 de enero de 1990, p. A7.

CAPITULO CATORCE. La Babilonia de hoy: Una ciudad que espera

1. John Burns, "New Babylon is Stalled by a Modern Upheaval", *New York Times International*, 11 de octubre de 1990, p. A13.

2. Inscripción en Babilonia citada por Daniel Williams, "The New King of Babylon?" *Los Angeles Times*, 6 de septiembre de 1990, p.7A.

CAPITULO QUINCE. La caída de Babilonia predicha

1. Vea Apocalipsis 6:12-14; 8:5, 10, 12; 11:13, 19; 16:18-21.

2. Vea Daniel 7:23-25; Apocalipsis 17:8, 12-13; 13:3-7.

3. Vea 2 Tesalonicenses 2:3-4.

4. Vea Apocalipsis 13:14-17.

5. Vea Mateo 24:15-22.

6. Vea Apocalipsis 19:11-21.

7. Vea 1 Tesalonicenses 4:13-17; Apocalipsis 3:10.

8. La cuarta parte del 50 por ciento de 225 millones es igual a 28,12 millones de personas.

CAPITULO DIECISEIS. El tiempo de la venganza del Señor

1. Vea Isaías 13:5.
2. Robert Koldewey, *The Excavations at Babylon*, trad. Agnes S. Johns (London: Macmillan and Company, 1914), p. 168.
3. Vea Jeremías 50:10, 17-18, 28.
4. Vea Jeremías 31:31-35.
5. Joel 2 y Ezequiel 36 presentan esto como la morada del Espíritu Santo en la vida del creyente.

CAPITULO DIECISIETE. Babilonia en el libro de Apocalipsis

1. Vea Apocalipsis 7:4-8.
2. Vea Apocalipsis 11:1-2.
3. Vea Apocalipsis 11:3-8.
4. Vea Apocalipsis 12:1-17.
5. Michael Hirsley y Jorge Casuso, "Mideast Crisis Sparks Talk of Armageddon", *Chicago Tribune*, 14 de octubre de 1990, p. 1C.
6. Ferrell Jenkins, *The Old Testament in the Book of Revelation* (Grand Rapids: Baker Book House, 1972), p. 22.
7. Vea Nehemías 2:1-8 para el comienzo de este período de tiempo.
8. Vea Mateo 21:1-11.
9. Para una excelente presentación del cómputo de esta profecía lea la obra de Harold Hoehner, *Chronological Aspect of the Life of Christ* (Grand Rapids: Zondervan Publishing House,1977), pp. 115-39.
10. Vea Mateo 21:1-11 y Zacarías 9:9.

CAPITULO DIECIOCHO. El escenario ya está montado

1. John Yemma, "Iraqis See the Future in the Past", *Boston Globe*, 16 de septiembre de 1990, p. 1.
2. Para un análisis más detallado de Apocalipsis 17-18, vea mis dos artículos acerca del tema ("The identity of Babylon in Revelation 17-18", en dos partes, *Bibliotheca Sacra* 144 [julio-Septiembre 1987]:305-16; [octubre-diciembre 1987]:433-49).
3. Yemma, "Iraqis See the Future in the Past".
4. Mercury News Wire Services, "Hardened Iraqis Take War Footing in Stride", *San Jose Mercury News*, 4 de septiembre de 1990, p. 1A.
5. George E. Ladd, *El Apocalipsis de Juan* (Editorial Caribe, Miami)

INDICE